投服中心系列丛书
China Securities Investor Services Center

投资者权益知识读本

2018年

郭文英　徐　明◎主编

Handbook on Interests and Rights of Investors

法律出版社
LAW PRESS · CHINA

编辑委员会

投资者权益知识读本

Handbook on Interests and Rights of Investors

总　序

2018 年金秋，中证中小投资者服务中心（以下简称投服中心）主编的“投服中心系列丛书”终于与大家见面了。投服中心是中国证监会直属的证券金融类公益机构，成立 3 年来，不忘初心，始终坚守保护中小投资者合法权益的使命，积极探索投资者保护新路径，努力引导投资者理性投资、全面知权、积极行权、依法维权。“投服中心系列丛书”的出版是对“知权、行权、维权”工作的一个总结，希望借此契机能凝聚一批法学学者、市场实务人士等专家对资本市场的热点难点问题进行长期的探讨研究。

自 2014 年成立以来，投服中心在中国证监会党委的领导和部署下，在证监会投资者保护局的指导和相关部门、各派出机构的支持下，在证监会系统兄弟单位和社会各界的大力支持下，从中小投资者权益保护和救济诉讼的实际需求出发，创新了一套适合我国资本市场中小投资者保护的机制和实现路径——以投资者教育工作为基础，通过事前持股行权、事中纠纷调解、事后支持诉讼来切实维护广大中小投资者的合法权益。投资者是资本市场发展的重要基石，培育良好的投资者群体，保护好广大中小投资者合法权益，是促进资本市场健康发展的重要一环，直接关系维护社会的公平正义，直接关乎亿万人民群众的切身利益。但中国资本市场的中小投资者既是数量上的多数，又是专业知识、投资理念、维权能力等方面的“弱势少数”，因此，中小投资者合法权益时常受到漠视甚至侵害。长期以来，中小投资者权益保护问题既是资本市场的一个宏观问题，又是要落实到每位投资者身上的微观问题。如何从立法层面更细致地规定中小投资者保护的内容，形成法律、行政法规、部门规章及操作性指引；如何从司法层面推动示范判决制度、探索强制调解机制等制度的建设；如何从监管层面创新机制，加大对侵害中小投资者合法权益的违法违规行为的打击和惩罚力度，更多地保护中小投资者的合法权益；如何帮助中小投资者树立权利意识，建立长期投资、价值投资理念，强化风险意识，提高维权能力。这些问题的解决都不是一蹴而就的,我们需要扎根于中国资本市场的土壤,需要政策、法律的研究,需要投保机制的创新,需要与广大中小投资者面对面的交流。为此,投服中心出版系列丛书,以投服中心工作为蓝本,研究了一些热点问题,探索了一条“投服模式”的投资者保护道路,积累了一些经验分享给读者。

“投服中心系列丛书”由《投资者权益知识读本》《重大资产重组行权案例评析》《纠纷调解案例评析》《支持诉讼维权案例评析》《投服研究》等书组成。其中《投资者权益知识读本》登载的“权益 360”系列文章,根据我国资本市场和广大投资者的实际情况,接地气、聚人气,本着知识性、实用性、趣味性的宗旨,为投资者普及权益知识。《重大资产重组行权案例评析》《纠纷调解案例评析》《支持诉讼维权案例评析》汇集了投服中心持股行权、纠纷调解及支持诉讼工作中具有代表性的实际案例,旨在进一步发挥投服中心示范引领作用,唤醒广大中小投资者的股东意识,督促上市公司提高依法运营水平;以及进一步探讨在全国范围内的建立调解合作、小额速调、诉调对接、证券支持诉讼示范判决等机制。《投服研究》选取了投服中心课题中较突出的研究报告,包含投资者交易行为研究、上市公司章程反收购条款效力研究、证券市场投资者保护条例等一系列资本市场热点、难点问题的研究。“投服中心系列丛书”综合了普及性、专业性及学术性的特点,面向广大投资者、上市公司及专家学者等群体,期望与其一道共同推动中小投资者权益保护工作。

我们希望,“投服中心系列丛书”是一涓细流,能不断汇集中国资本市场土壤上的经验与创新机制,不断丰富学术理论,不断普及权益知识。我们相信,中国中小投资者保护事业能在资本市场各方的努力下,共同谱写新的篇章。

2018 年 8 月

前　言

中证中小投资者服务中心(以下简称投服中心)的主要职责之一,是面向广大投资者开展投资者教育。作为中国资本市场投资者保护的专门性公益机构,投服中心牢固树立“以人民为中心”的发展理念,在为中小投资者提供宣教服务的道路上不断探索实践。

投服中心于2016年开展的投资者权益问卷调查显示,投资者权利意识淡薄,在行使和维护自身权益方面存在行权难、诉讼难、举证难等诸多障碍。开展投资者权益教育,需要直接从权益保护的角度开展普及工作,弥补投资者权益知识短板,并引导投资者通过理性的方式,有效地、积极地行使和维护自身权益,从而主动抵制资本市场的违法违规行为。针对市场投资者教育的薄弱环节和投资者的迫切需要,投服中心率先提出了“知权、行权、维权”的投资者教育理念,倾力打造了“权益360”特色品牌。“知权、行权、维权”贯穿了投资者投资的事前、事中和事后全过程,全面保护投资者合法权益。

本书所登载的“权益360”系列文章,力争根据我国资本市场和广大投资者的实际情况,接地气、聚人气,本着知识性、实用性、趣味性的宗旨,为投资者普及权益知识。

“知权”就是帮助投资者了解自己拥有法律赋予的哪些权利。根据我国《证券法》《公司法》等相关法律,证券市场的投资者主要有以下权利:首先,当中小投资者购买上市公司股票成为其股东时,便拥有了股东的身份及股东资格,对公司的基本情况拥有知情权;其次,作为上市公司的股东,中小投资者拥有相应的财产权,如利润分配权、股份认购转让请求权及异议股东股份回购请求权、剩余财产分配权等;再次,作为股东,投资者可以直接参与公司治理,在股东大会上行使表决权、提案权,甚至可以自行召集和主持股东大会;最后,股东拥有诉讼的权利,包括提起直接诉讼及派生诉讼的权利,以便在自身权益或公司利益受到损害时获得救济。虽然投资者拥有诸多法律规定的权利,但违法违规的市场主体往往会使用一些侵权手段,故投资者需要有比较清醒的认识,以此提高风险防范意识。对这一部分内容,主要通过“知识问答”的形式展现,力图采用简单易懂、轻松活泼的语言,回答广大投资者迫切关心的问题,普及投资者权益知识和可能造成侵权的违法违规行为相关知识。

“行权”就是帮助投资者了解权利的行使规则和路径。投服中心示范、引领投资者发现上市公司资本运营过程中可能存在的问题,通过多种方式进行现场和非现场行权,鼓励广大中小投资者共同参与上市公司治理。这一部分,通过实务讲解与投服中心示例相结合的方式,不仅向投资者介绍可操作的行权的途径和相关知识,还通过一系列投服中心公开发声的行权案例,为投资者提供专业的行权示范,供投资者参考。

“维权”就是帮助投资者了解权益受损后的维权方式和途径。投服中心主要开展纠纷调解和支持诉讼两大业务,切实维护中小投资者的合法权益:纠纷调解服务创造了一系列新型调解机制,解决投资者实际面临的与上市公司、证券期货经营机构、侵权行为人之间的各种纠纷问题;支持诉讼则是在中小投资者走诉讼道路需要花费巨大时间和金钱成本的情况下,为其维权提供的良好的救济渠道。这一部分,通过讲解相关法律知识、解析调解和诉讼案例,帮助投资者通过实例了解依法维权的方式、方法,提高投资者理性维权的意识和能力。

本书希望通过知识普及、案例讲解的方式,为中小投资者提供差异化、有针对性的投资者权益教育服务,缓解资本市场投资者权益教育匮乏的现状,唤醒中小投资者的股东意识、权利意识,帮助投资者实现从“股民”向“股东”转变,让投资者认识到自己既是“证券投资者”,又是“金融消费者”,使投资者从“无序维权”向“依法维权”转变,目的是供广大中小投资者“全面知权,积极行权,依法维权”。由于编者水平有限,本书难免出现错漏之处,敬请各位读者、同行及专家批评指正。

目　　录

第一章　股东权益知多少

第三章　维权小贴士

第一章

股东权益知多少

Handbook on Interests and Rights of Investors

第一节　股东权利

股东权利有哪些

最近，冯大爷拿出一部分闲置资金去证券公司开了户，买了几万元的股票，正式成为一名股民。每天看着自己的股票涨涨跌跌，冯大爷心里犯起了嘀咕，听说中证中小投资者有服务中心（以下简称投服中心）向投资者提供答疑解惑，便跑来咨询。

冯大爷：老师，我买了股票，成为股东啦！上市公司是不是有一部分是我的了？那我有什么权利吗？

小钟老师：有呀，作为上市公司的所有者，股东有很多权利。既有知情权、建议权、表决权、利润分配权、剩余财产分配权、股东大会及董事会决议撤销诉讼权、董事、监事、高级管理人员侵权行为诉讼权等没有持股比例限制的权利，还有提案权、诉讼请求及股东代位诉讼权、临时股东大会及董事会临时会议提议权、召集及主持临时股东大会权等有持股比例限制的权利……

冯大爷：太复杂了！我都听糊涂了。能简单点吗？

小钟老师：简单来说，享有一家上市公司的股东权利的前提是要持有该上市公司的股票，有的股东权利没有持股数量限制，每个股东都能享有；有的股东权利需要持有的股票数量占上市公司总股数一定比例才能行使，或者自己持股数量不够，几个人加起来的持股数量够了也能一起行使。

冯大爷：这个我懂啦。那我自己就能享有的权利都有哪些？

小钟老师：有些是关于上市公司治理的，如知情权、建议权、表决权等；有些是关于财产的，像利润分配权、剩余财产分配权等；还有些是小股东就能发起的诉讼，如股东大会及董事会决议撤销诉讼权、“董监高”侵权行为诉讼权等。因为有了这些权利,股东就能获得自己的分红收入,参与上市公司的治理;权利受到上市公司侵害了还能打官司维权。

冯大爷:哦,我大致知道啦,就是有些权利还不是特别明白……还有一些有门槛的权利听起来挺高大上,都是怎么回事?

小钟老师:每个权利包含的内容都有很多,不是简单一两句话就能讲明白的,现在不明白没关系,我们还会开专栏详细解读,您可以留心关注我们的报纸专栏,遇到问题也可以来问我。简单点的权利,如知情权,是您作为股东有知道所投资的上市公司情况的权利;表决权就是通过现场或网络参加股东大会投票的权利;建议权是您有权向上市公司提出建议。

至于其他的有行使门槛的权利,主要涉及一些深层次的公司治理问题,如股东大会提案、召集、主持,股东代位诉讼,这些普通小散户发起的比较少,但可以在对公司有一定了解的基础上,积极参与他人发起的权利活动。如投服中心就有一些征集股东权利,凝聚中小股东的力量,共同行使有门槛的权利。

冯大爷:总之,我们股东是有很多权利的,有的要买了股票就能行使,有的需要买到一定数量才能行使,我们不仅享有一些收益,也可以通过这些权利向上市公司表达自己的看法、建议,甚至还能起诉损害我利益的一些人。

小钟老师:没错!我们这里还有位孟博士提供更专业的解读,您有兴趣可以关注下!

冯大爷:还有更专业的哪!我听听,跟股友聊天也能装装专家呢!

孟博士解读

下面让我们了解股东权利相关的部分法条。

一、无持股比例限制的股东权利

知情权(查阅权、质询权)

《公司法》第 97 条规定了投资者有权对公司经营提出建议或者质询。

《公司法》第 150 条第 1 款规定了投资者有权对“董监高”提出质询。

表决权

《公司法》第 103 条第 1 款规定,投资者每持一股份就有一表决权,但公司持有的本公司股份没有表决权。

利润分配权(资产收益权、分红权)

《公司法》第166条第4款规定,公司应按照股东持股比例分配待分配利润,但公司章程规定不按持股比例分配的除外。

剩余财产分配权

《公司法》第186条第2款规定,有限责任公司按照股东的出资比例分配剩余财产,股份有限公司按照股东持有的股份比例分配剩余财产。

股东大会、董事会决议撤销诉讼权

《公司法》第22条第2款规定,股东可以合规地请求人民法院撤销股东大会或董事会的违规决议。

"董监高"侵权行为直接诉讼权

《公司法》第152条规定,股东有权向人民法院对违规的董事、高级管理人员提起诉讼。

二、有持股比例限制的权利

诉讼请求权、股东代位诉讼权(需持股1%、180日)

《公司法》第149条规定,"董监高"的违规行为给公司造成损失的,应当承担赔偿责任。《公司法》第151条规定了满足条件的投资者可以就"董监高"的上述有关行为享有诉求请求权和股东代位诉讼权。

提案权(需持股3%)

《公司法》第102条第2款规定,满足条件的股东可以在股东大会召开10日前提出临时提案并书面提交董事会。

召开临时股东大会和董事会临时会议提议权(需持股10%)

《公司法》第100条规定,满足条件的股东有权提请召开临时股东大会。《公司法》第110条第2款规定,满足条件的股东有权提议召开董事会临时会议。

召集及主持临时股东大会权(需持股10%、90日)

《公司法》第101条第2款规定,在董事会或监事会不召集或主持临时股东大会的,满足条件的股东有权自行召集和主持临时股东大会。

一、股东知情权

知情权，你知情吗

知情权是投资者享有的一项最基本的权利,投资者小费阿姨并不是很了解这项权利。据投服中心与上海证券交易所联合发布的《投资者权益知识调查报告》显示,像小费阿姨这样的投资者不在少数,大多数投资者仅“基本了解”自身的权利,对知情权的了解程度仅为63%。

投资者知情权

小费阿姨很费解,到底什么是投资者的知情权?投资者对哪些信息享有知情权?小费阿姨虽然听了邻近冯大爷的介绍,还是稀里糊涂的,于是向小钟老师寻求帮助。

小费阿姨:小钟老师,知情权到底是什么权利啊?

小钟老师:投资者知情权是指投资者依法享有了解被投资对象等相关主体及其活动实质情况的权利。因投资者投资类型和范围不同,投资者的知情权的内容也有所不同。上市公司投资者的知情权,就是指投资者有了解所投资上市公司真实情况的权利,投资者有权要求上市公司对应依法披露的信息予以披露并进行解释。这些信息包括股票的代码、名称、行情等基本情况,招股说明书、财务会计报告等上市文件,半年度报告、年度报告等定期报告,还包括重大事件的临时报告。

但是涉及公司的经营、财务或者对公司股票的市场价格有重大影响的尚未公开的内幕信息、公司掌握的商业秘密、国家秘密等则不属于投资者有权了解的内容。

小费阿姨:这样啊,我有个老同学移民去了日本,她买了股票也有知情权吗?和我享有的知情权有什么差别吗?

小钟老师:您的老同学也是有知情权的。知情权,在日本也叫作“知权利”,英文则是“right to know”,虽然名称有差异,但本质上没有什么差别。不过,不同国家对投资者知情权的范围有不同规定。如《法国商事公司法》对知情权的规定较宽泛,包括查阅公司的会计原始凭证、传票、契约书、纳税申报书、电传、书信、电话记录、电文等文件的权利;而《日本商法典》的规定则较狭义,知情权体现为一种会计监督权,更多是对相应账簿的查阅。

小费阿姨：这么多法律都有规定啊，是不是知情权很重要啊？

小钟老师：没错，虽然各国规定的知情权范围各有不同，但知情权都是投资者享有的众多权利中的一项最基本的权利，是保障处于信息劣势的投资者合法权益的基础。投资者做出正确决策、用好其他权利都离不开知情权。例如，你要买一只股票肯定要了解这只股票的代码、行情等基本情况；你要行使投票权，肯定要知道召开股东大会或临时股东大会的时间、地点等；你持有一只股票，要分析股票的成长情况，预测后续的涨跌情况，肯定要通过临时公告、财务报告等基本面分析或技术分析来判断这个股票的潜力。

如何行使知情权

小费阿姨：对哦，还可以看财务报告，那我去哪看啊？

小钟老师：这就是这个权利的关键啦！明白了自己享有知情权，更需要知道如何实现知情权。根据实现途径的差异，知情权可以分为被动知情权和主动知情权两类。被动知情权的实现，依赖于上市公司的主动信息披露，依赖于所披露信息的真实、准确、完整、及时。投资者可以通过中国证监会指定的媒体获取这些信息，包括上海证券交易所官网、深圳证券交易所官网、巨潮资讯网，以及《上海证券报》《中国证券报》《证券时报》《证券日报》等报纸。

小费阿姨：我买的那家公司好像就在我们家附近，我能到他们公司去看吗？

小钟老师：当然可以啦。实践中，主动知情权就表现为投资者主动查阅的权利，投资者可以与上市公司负责办理股东查阅手续的专人取得联系，提供持有公司股份的种类以及持股数量的书面文件等相关材料后，到公司住所对上市公司应披露的文件进行查阅。也可以通过上海证券交易所或深圳证券交易所官网查询披露的年报等公告信息。下面由孟博士向您介绍一下法律对知情权是怎么规定的吧。

孟博士解读

我国的《证券法》《公司法》等法律对知情权的相关内容都进行了具体规定。《证券法》第53条规定了拟上市公司应披露的文件，第63条规定了发行人、上市公司披露信息的质量要求，第65条规定了上市公司应披露的中期报告的内容，第66条、第67条分别规定了上市公司年报和临时报告的内容，第69条规定了发行人、上市公司等因违规信披应当承担的责任,第 70 条规定了信息披露的方式和途径。《公司法》第 97 条规定了股份有限公司应该置备的文件,第 98 条规定了股东的建议权和质询权。此外,中国证监会发布的《上市公司信息披露管理办法》对上市公司及其他信息披露义务人的所有信息披露行为进行了规范,涵盖公司发行、上市后持续信息披露的各项要求。

孟博士还提醒小费阿姨,如果上市公司没有合法合规披露相应的信息,发生财务造假、信息披露不及时、未披露重大事件等违法违规案件,侵犯了投资者的合法权益,投资者可以通过行使权利、申请调解、提起诉讼等法律途径来维护自身权益。投服中心的持股行权、纠纷调解、支持诉讼等服务都可以帮助投资者维护自身的合法权益。

什么是股东查阅权

冯大爷：小钟老师，最近看到你们同事又去上市公司行权啦？

小钟老师：是呀，最近我们投服中心的小伙伴前往上市公司，集中行使了股东查阅权。

冯大爷：股东查阅权，这是什么权利呀？

小钟老师：冯大爷，您还记得咱们以前讲过的知情权吗？

冯大爷：记得！知情权就是我们股东有权知道对公司有重要影响的情况，比如公司生产经营状况、公司治理状况、公司经营团队之类的情况。

小钟老师：没错，因为一般投资者很少有机会接触公司的主要人员，所以投资者获取公司各方面情况的主要途径是被动地接受上市公司公开告知的行为，法律上将上市公司的这种公开告知行为叫作信息披露。投资者阅读定期报告也好、临时公告也好，都是被动地接受上市公司的信息。除此之外，我们知道投资者也可以通过电话、邮件、网站等方式，主动获得上市公司信息。而我们说的股东查阅权，来源于《公司法》第 97 条规定："股东有权查阅公司章程、股东名册、公司债券存根、股东大会会议记录、董事会会议决议、监事会会议决议、财务会计报告，对公司的经营提出建议或者质询。"该条规定赋予了我们另一种主动获取上市公司信息的方式。因此，投服中心以股东身份行使查阅权，前往上市公司现场查阅股东大会会议记录、董事会会议决议、监事会会议决议、公司章程、股东名册等文件，希望能帮助上市公司及早发现并改正包括"三会"（股东大会、董事会、监事会）运作在内的治理问题，提高公司规范运作的能力，提升公司治理水平。自 2017 年 8 月以来，我们投服中心已查阅了上市公司 41 家，覆盖上海、广东、安徽、重庆等 12 个省市。

冯大爷：你们在查阅中有遇到过哪些问题呢？

小钟老师：首先，是"三会"运作问题。董事、监事、高级管理人员缺席股东大会，尤其是独立董事多次缺席股东大会屡见不鲜；董事会、监事会会议记录不完整，对参会人员姓名、议案审议经过、股东建议及答复等记录不全；会议程序不合规，未推举计票人、监票人或未完整记录姓名，对股东参会资格审查不严；档案保存环节不完善等。其次，是公司章程不合规。一是上市公司章程未按照国务院办公厅《关于进一步加强资本市场中小投资者合法权益保护工作的意见》、《上市公司股东大会规则》（2016 年修订)、《上市公司章程指引》(2016 年修订),对中小投资者保护的相关规定予以明确;二是不当设置反收购条款,限制股东权利或增加股东义务,侵害投资者利益。

冯大爷:那上市公司对股东现场行使查阅权怎么看呀?

小钟老师:绝大多数上市公司能够配合查阅,认真听取投服中心指出的问题并承诺及时落实整改。但也存在部分上市公司不配合股东行使查阅权的问题。到目前为止,对于查阅中发现的问题,投服中心主要是现场告知并提出完善建议,针对少数上市公司采取发送书面的股东建议函。如有必要也可以采取司法途径,向相关部门报告。

冯大爷:我明白了,今天又学到了新的权利知识,谢谢小钟老师!

股东建议权与质询权

前些日子,股民冯小哥咨询了股东大会表决权,回家学习了一番之后,找到了小钟老师。

冯小哥:小钟老师,听您讲了表决权,感觉受益匪浅。今天想听您讲讲建议权和质询权。

小钟老师:没问题,您之前对建议权和质询权了解多少啊?

冯小哥:本来我对股票一窍不通。我爸叫我去开股东大会,尤其让我去行使建议权、质询权,对我教育了一番。他说,作为股东,有很多股东权利。建议权和质询权不受持股比例限制,股东可以参加股东大会,向上市公司提出建议和质询,监督公司经营管理。他还说,他买的公司所属的行业他干了一辈子,很了解。这次有个议案有问题,要我一定要去股东大会说说他的建议。

小钟老师:看来冯大爷真的认真学习权益知识,而且活学活用,都能当老师了呢!

冯小哥:这话可别让我爸听见,不然他肯定要骄傲了!小钟老师,您再详细跟我讲讲这两个权利呗。

小钟老师:好呀。建议权,是指股东对公司提出的有关经营管理方面的意见、改善措施、方案的权利;质询权,是指股东对公司的决策失误、管理不当、高管人员的不尽职或失职行为提出质疑,要求其改正的权利。两者因为行使方式相似,总被相提并论。我们知道,作为一名公司权益拥有人,股东在公司决策过程中扮演着重要的角色,主要通过股东大会发挥影响力。股东大会是投资者充分表达自己意志的场所,也是投资者行使建议权、质询权的最佳时机。股东的质询意见或建议以及相应的答复或说明都要记载在股东大会会议记录中。股东质询、建议的环节一般安排在股东大会表决之前。股东通过行使质询权、建议权,不仅可以使股东在表决前能够及时获得充分、有效的相关信息,对董事会的决策事项实施必要的监督,而且避免了股东在不明真相的情况下盲目表决,甚至助纣为虐。

冯小哥:不开股东大会时,我还可以行使建议权和质询权吗?

小钟老师:可以的。不同于表决权,质询权和建议权的行使并不局限于股东大会期间,股东对公司的生产经营情况、公司治理等情况有疑问时,都可以向董事、监事以及管理层进行质询。股东可以通过上海证券交易所 e 互动、深圳证券交易所互动易等网络平台向上市公司提问,还可以通过参加投资者说明会、发函、致电、发电子邮件等方式提出质询与建议。具体情况我们请孟博士详细解读一下。

孟博士解读

我们先来解读一下股东行使建议权、质询权的方式。证监会为了加强对投资者权利的保障,要求各上市公司以多种方式与股东之间沟通的渠道,以方便股东与公司之间的联络与沟通,对股东的问题答惑解疑。上市公司对股东关心的生产经营的有关问题,只要不违反信息披露的禁止性规定的,都应该一一解答。现在,投资者与上市公司日常沟通的主要方式有:(1)设专职部门或专职人员负责投资者关系的工作。比如,有的公司在其证券部内部专门设有负责与投资者关系的人员,投资者对自己关心和不明白的问题可以咨询或询问。(2)没有设立专门人员负责的公司一般由董事长秘书或证券事务代表负责对投资者解答。他们的电话或传真一般都是公开的,在股票软件的股票信息系统内都能查询到。(3)有的公司有自己的网站,网站上一般会开通与投资者联络的交流平台,交易所也会开设专门平台,投资者可以通过平台咨询问题。(4)上市公司在融资的时候,经常会“路演”,也就是在公开媒体上的推荐会,投资者可以参加,现场发问,也可以通过收看以了解相关信息。(5)参加股东大会时现场聆听与发问。

我们再来学习一下质询权、建议权的有关法律法规。

《公司法》第九十七条

股东有权查阅公司章程、股东名册、公司债券存根、股东大会会议记录、董事会会议决议、监事会会议决议、财务会计报告,对公司的经营提出建议或者质询。

《公司法》第一百五十条第一款

股东会或者股东大会要求董事、监事、高级管理人员列席会议的,董事、监事、高级管理人员应当列席并接受股东的质询。

《上市公司章程指引》第三十二条

公司股东享有下列权利……(三)对公司的经营进行监督,提出建议或者质询……

二、股东财产权

我是股东，我要分红（一）

冯大爷：小钟老师，邻居老王跟我说他买的好几只股票都分了红，笑话我买的股票都是下不了蛋的铁公鸡！我买的股票怎么就不分红呢？有的甚至都好几年不分红啦，这是不是侵犯我们股东的权利啦？

小钟老师：您说的这个分红应该指的是现金分红，与股东享有的利润分配权有关。公司利润分配的主要方式就是向股东分配股利。股利就是股东依其所拥有的公司股份从公司分得的利润，是从公司已经弥补公积金和提取公积金、法定公益金后的可分配利润中分配给股东的投资回报。股东作为"出资者"可以依照所持有的股份份额获得股利和其他形式的利益分配。股利分为股息和红利两种：股息是优先股股东享有的股票利息，红利则是普通股股东的收益。红利又分为现金红利和股票红利。现金红利就是上市公司直接发放现金作为分红手段，我们经常可以看到上市公司分配方案中有每10股派××元（含税），这就是现金分红。股票红利就是上市公司以派发股票作为分红手段。

冯大爷：对了，我经常看到上市公司公告中，说实行10股送15股，甚至10股送20股的，这就是股票红利？

小钟老师：没错，像您说的这种属于"高送转"的股票红利。股票分红实质上是股东将应得的现金分红又再投资买了同种类的股票。上市公司分配方案中还经常有每10股转增××股，这是公司将公积金转成了股份给股东。严格来讲，这并不是一种分红的方式，因为公积金是不能分配的，但又是可以转增为股本的，所以在形式上投资者还是将其理解成一种分配方式。

冯大爷：您说的"高送转"，好像很火嘛，经常在报道里看到，是怎么回事呀？

小钟老师："高送转"，是指送红股或者转增股票的比例很大。"高送转"后，公司股本总数虽然扩大了，但公司的股东权益并不会因此而增加。也就是说，尽管"高送转"方案使投资者手中的股票数量增加了，但股价也将进行相应的调整，投资者持股比例不变，持有股票的总价值也未发生变化。然而，很多投资者都将"高送转"看作重大利好消息，认为"高送转"会带来股价上涨，有望从中获利。但实际上，公布"高送转"预案后，公司股价表现不一。部分上市公司在推出"高送转"方案后，陆续推出了大股东或者高管“减持套餐”,甚至操纵股价或进行内幕交易。被忽悠进场的中小股东很可能成为接盘侠,面临着股票被套、大幅亏损的风险。中小股东要理性看待所谓的“高送转”行情,警惕不良之人利用或制造“高送转”传闻牟取利益。

冯大爷:“高送转”套路太深了!看来还是现金分红更实在呀!但有些公司总不分现金,这也可以吗?

小钟老师:如果公司在每股收益和累计未分配利润均为正的情况下,连续多年未进行现金分红,那就有侵犯投资者权益的嫌疑了。上市公司可以基于长远发展并经股东大会决策后暂不分红,但不应长期无正当理由不分红,这种铁公鸡公司甚至可能存在财务数据造假、内部人控制等问题。

冯大爷:我们要怎么判断公司分红是否合理呢?

小钟老师:我们关注一家公司的分红情况,可以先看其公告的利润分配预案,公司会在预案中说明今年是否利润分配、分配方法、未分配利润额、不分配的原因等。很多公司还会召开关于利润分配的投资者说明会,解答投资者疑惑。此外,我们还可以查询上市公司的章程,查看其制定的分配预案是否符合公司章程的规定。下面我们请孟博士讲解下有关法律法规对利润分配的规定,以及对公司章程在分红方面的规定。有时间我们再深入探讨现金分红里的学问。

孟博士解读

我们先来看看《公司法》对利润分配权的规定。《公司法》第166条第4款规定:“公司弥补亏损和提取公积金后所余税后利润……股份有限公司按照股东持有的股份比例分配,但股份有限公司章程规定不按持股比例分配的除外。”

让我们再来看看证监会《上市公司章程指引》中关于现金分红的规定。《上市公司章程指引》第152条第7款规定:“公司应当在公司章程中明确现金分红相对于股票股利在利润分配方式中的优先顺序,并载明以下内容:(一)公司董事会、股东大会对利润分配尤其是现金分红事项的决策程序和机制,对既定利润分配政策尤其是现金分红政策作出调整的具体条件、决策程序和机制,以及为充分听取独立董事和中小股东意见所采取的措施。(二)公司的利润分配政策尤其是现金分红政策的具体内容,利润分配的形式,利润分配尤其是现金分红的期间间隔,现金分红的具体条件,发放股票股利的条件,各期现金分红最低金额或比例(如有)等。”

我是股东，我要分红（二）

冯大爷：小钟老师，上次我向您咨询了上市公司分红的事，回去后我查看了我买的几家不分红的公司公告，想向他们提提意见，但怕不够专业，就又来找您咨询啦！

小钟老师：冯大爷您这维权意识特别好，我们中小股东遇到问题不能忍气吞声，应该积极勇敢地维护自身权益。您都有哪些疑问，请尽管问！

冯大爷：您上次讲完分红的有关知识后，我回去翻看了一些上市公司的利润分配方案，发现没有实行现金分红的公司都各有理由，我该怎么判断上市公司应不应该实施现金分红呢？

小钟老师：根据证监会发布的《上市公司章程指引》（2016 年修订）规定，上市公司应在公司章程中载明公司的利润分配政策尤其是现金分红政策的具体内容、利润分配的形式、利润分配尤其是现金分红的期间间隔、现金分红的具体条件、发放股票股利的条件、各期现金分红最低金额或比例等。我们可以通过查询上市公司章程，比照上市公司的利润分配方案，看其是否符合章程规定。比如，有的上市公司在章程中规定“公司当年度实现盈利，在依法弥补亏损、提取法定公积金后有可分配利润的，则公司应当进行现金分红；公司如无重大投资计划或重大现金支出发生，3 年内以现金方式累计分配的利润不少于 3 年年均可分配利润的 30%”，并对重大投资计划或者重大现金支出作出详细定义。我们就可以查看上市公司实际盈利情况、可分配利润情况、重大投资及现金支出情况，比对其利润分配方案，看其是否在符合条件的情况下实施了现金分红，3 年内累计现金分红比例是否达到标准。

冯大爷：我明白啦！还有的公司只进行送转，没有现金分红，这样可以吗？

小钟老师：证监会发布的《上市公司监管指引第 3 号——上市公司现金分红》第 4 条规定：“上市公司应当在章程中明确现金分红相对于股票股利在利润分配方式中的优先顺序。具备现金分红条件的，应当采用现金分红进行利润分配。采用股票股利进行利润分配的，应当具有公司成长性、每股净资产的摊薄等真实合理因素。”比如，上市公司在章程中规定“在满足上述现金分红的条件下，公司可以采用发放股票股利方式进行利润分配”，若该上市公司在未满足现金分红的情况下仅发放股票股利，就违反了规定。

冯大爷：原来如此。那假如我对上市公司的分红方案有意见建议，可以通过什么方式提出呢?

小钟老师:股东大会对现金分红具体方案进行审议前,上市公司应通过章程中规定的多种渠道,充分听取中小股东的意见和诉求,及时答复中小股东关心的问题。《上海证券交易所上市公司现金分红指引》规定,上市公司在特殊情况下无法按照既定的现金分红政策或最低现金分红比例确定当年利润分配方案的,应在业绩发布会或单独召开发布会说明。您可以通过这些方式,充分发表您的看法。具体规定我会让孟博士帮您解读。

冯大爷:好呀!我回去研究一下,等我买的上市公司再有利润分配,一定好好行使股东分红的权利。

孟博士解读

我们先来看看《上市公司监管指引第3号——上市公司现金分红》的有关规定。

第三条 ……上市公司应当在公司章程中载明以下内容:

(一)……为充分听取独立董事和中小股东意见所采取的措施。

(二)公司的利润分配政策尤其是现金分红政策的具体内容,利润分配的形式,利润分配尤其是现金分红的期间间隔,现金分红的具体条件,发放股票股利的条件,各期现金分红最低金额或比例(如有)等。

第五条 上市公司董事会应当综合考虑所处行业特点、发展阶段、自身经营模式、盈利水平以及是否有重大资金支出安排等因素,区分下列情形,并按照公司章程规定的程序,提出差异化的现金分红政策:

(一)公司发展阶段属成熟期且无重大资金支出安排的,进行利润分配时,现金分红在本次利润分配中所占比例最低应达到80%;

(二)公司发展阶段属成熟期且有重大资金支出安排的,进行利润分配时,现金分红在本次利润分配中所占比例最低应达到40%;

(三)公司发展阶段属成长期且有重大资金支出安排的,进行利润分配时,现金分红在本次利润分配中所占比例最低应达到20%;

公司发展阶段不易区分但有重大资金支出安排的,可以按照前项规定处理。

第六条 ……独立董事可以征集中小股东的意见,提出分红提案,并直接提交董事会审议。

股东大会对现金分红具体方案进行审议前,上市公司应当通过多种渠道主动与股东特别是中小股东进行沟通和交流，充分听取中小股东的意见和诉求，及时答复中小股东关心的问题。

下面我们再看看《上海证券交易所上市公司现金分红指引》的相关条款。

第八条　上市公司在特殊情况下无法按照既定的现金分红政策或最低现金分红比例确定当年利润分配方案的，应当在年度报告中披露具体原因以及独立董事的明确意见。公司当年利润分配方案应当经出席股东大会的股东所持表决权的2/3以上通过。

第十条　上市公司年度报告期内盈利且累计未分配利润为正，未进行现金分红或拟分配的现金红利总额（包括中期已分配的现金红利）与当年归属于上市公司股东的净利润之比低于30%的，公司应当在审议通过年度报告的董事会公告中详细披露以下事项：

（一）结合所处行业特点、发展阶段和自身经营模式、盈利水平、资金需求等因素，对于未进行现金分红或现金分红水平较低原因的说明；

（二）留存未分配利润的确切用途以及预计收益情况；

（三）董事会会议的审议和表决情况；

（四）独立董事对未进行现金分红或现金分红水平较低的合理性发表的独立意见。

第十一条　上市公司存在本指引第八条和第十条所述情形的，公司董事长、独立董事和总经理、财务负责人等高级管理人员应当在年度报告披露之后、年度股东大会股权登记日之前，在上市公司业绩发布会中就现金分红方案相关事宜予以重点说明。如未召开业绩发布会的，应当通过现场、网络或其他有效方式召开说明会，就相关事项与媒体、股东特别是持有上市公司股份的机构投资者、中小股东进行沟通和交流，及时答复媒体和股东关心的问题。

……

我是股东，我要分红（三）

冯大爷：小钟老师，我自从上次遇到了上市公司中的“铁公鸡”，就一直关注现金分红。最近有些上市公司召开了临时股东大会审议半年度利润分配预案，我也想行使股东权利，请您传授一下经验吧！

小钟老师：好呀，之前我们讲过，获得利润分配是我们股东的一项重要权利。投服中心开展持股行权业务，通过持有上市公司股票行使股东权利，现金分红是关注重点之一。2017 年上半年，针对五家上市公司违反法律法规以及公司章程的规定，不进行现金分红或少进行现金分红的问题，投服中心以股东身份现场参加了年度股东大会，对董事、监事、高级管理人员进行质询。上市公司对我们的建议纷纷表示采纳，其中如嘉应制药、天海防务等上市公司，已经采取了实际行动改善分红质量。

冯大爷：虽然您之前讲过许多关于利润分配的规定，实际我们该怎样向上市公司质询现金分红的事呢？您能再具体说说吗？

小钟老师：我们就以嘉应制药为例吧。2017 年 5 月投服中心参加了嘉应制药 2016 年年度股东大会，会上我们的代表对上市公司 2016 年年度未进行利润分配提出了质询。根据嘉应制药的公司章程规定，公司每年以现金方式分配的利润应不低于当年实现可分配利润的 10%，且任意三个连续会计年度内以现金方式累计分配的利润不少于该 3 年实现的年均可分配利润的 30%。而嘉应制药在有充足未分配利润的情况下，2014 年、2015 年、2016 年连续 3 年未进行现金分红，不符合公司章程规定。对此，投服中心建议公司在力所能及的情况下，合法合理地安排利润分配。股东大会现场，嘉应制药的董事和高管积极采纳了建议，表示会在未来考虑分红事宜。近期，嘉应制药 3 年不分红的问题也引起了深圳证券交易所的关注。2017 年 9 月 8 日，嘉应制药召开了临时股东大会，审议 2017 年半年度利润分配方案，向股东进行了现金分红，我们股东的质询和建议最终落到了实处。

冯大爷：太好了，最喜欢听这种我们中小股东维护自身权利的事例了，那天海防务是什么情况呀？您也跟我讲讲吧！

小钟老师：2017 年 4 月，天海防务召开 2016 年年度股东大会，审议《2016 年年度利润分配的议案》，拟每 10 股派发现金 0.5 元人民币，转增 20 股。我们投服中心的代表参加股东大会，对利润分配方案的合理性提出质疑，并建议公司在保证公司能正常发展的基础上，加大现金分红的力度，使所有股东能从公司的发展中受益，避免利用少量的现金分红加上“高送转”的噱头炒概念，助长市场投机氛围，误导广大中小投资者跟风炒作。在大股东及中小股东的支持下，股东大会未通过《2016 年年度利润分配的议案》。天海防务董事及高管积极接受投服中心的建议，会后立刻召开董事会会议调整议案的内容，拟将现金分红比例由每 10 股 0.5 元调高至 1 元，公积金转增股本由每 10 股转增 20 股改为 15 股，调整后的利润分配方案获得了公司临时股东大会通过。

冯大爷：真好，听了您说的案例，我觉得自己充满了信心。我要以投服中心为榜样，一会儿就回去运用您教的知识，再研究一下利润分配议案。

股份回购请求权，你知道吗

小费阿姨:小钟老师,我最近第一次听说了“股份回购请求权”,你向我介绍一下吧。

小钟老师:嗯,好的。股份回购请求权,是指当股东大会作出对股东利益有重大影响的决议时,对该决议表明异议的股东,享有请求公司以合理公平的价格收购其所享有的股权,从而退出公司的权利。

小费阿姨:那就是说我们股东都有股份回购请求权了?

小钟老师:是的,异议股东无论持股多少都有股份回购请求权。这项制度是为了在公司结构发生重大变化时,赋予持有不同意见的股东能够获得合理补偿和退出结构已经发生重大变化的公司的权利。

小费阿姨:那异议股东股份回购请求权,对于我们这些小股东重要吗?

小钟老师:当然很重要啦!《公司法》确立异议股东股份回购请求权,从根本上来说是为了在一定程度上克服“资本多数决”的弊端:在股东大会上,由于持股数额的不同可能造成的权益实现状况的差异。尽管中小股东可以通过积极行使表决权、公开征集等多种方式使自己的权利得到公司重视,还受累积投票制等制度保护,但在决议过程中依然常常很难左右最终的决策结果,上市公司的股东虽然可以选择通过直接卖出股票而退出公司,但在一些特殊情况下也有可能因此产生经济损失。因此,股份回购请求权作为一种法定的弥补性权利,旨在给予小股东特别的关注和保护。从另一个角度看,公司也会为了防止股份回购可能带来的损失,在决议过程中尽可能多地考虑中小股东的利益,这也适当约束了大股东的行为。

小费阿姨:我们这些小股东在面临一些公司重大决策时,总是感觉力不从心,看来这个权利真的很重要。小钟老师,那我们在什么情况下可以行使股份回购请求权呢?

小钟老师:根据《公司法》的规定,股份有限公司的股东对股东大会作出的公司合并、分立决议持异议时,可以提出股份回购的要求。在公司合并或分立的过程中,不赞成合并或分立的股东虽然可以通过转让股权退出公司,但公司结构产生巨大变化会造成股价的波动,可能使这些股东遭受亏损。因此,这项权利的设置能够保护异议股东的利益。《公司法》对有限责任公司股东的股份回购请求权则作出了更详尽的规定,您可以看看孟博士的解读。

小费阿姨:看来,要在公司产生很重大的决议时才有可能行使这项权利呢。我要回去好好研究研究。

孟博士解读

《公司法》第一百四十二条 公司不得收购本公司股份。但是,有下列情形之一的除外:

(一)减少公司注册资本;

(二)与持有本公司股份的其他公司合并;

(三)将股份奖励给本公司职工;

(四)股东因对股东大会作出的公司合并、分立决议持异议,要求公司收购其股份的。

公司因前款第(一)项至第(三)项的原因收购本公司股份的,应当经股东大会决议。公司依照前款规定收购本公司股份后,属于第(一)项情形的,应当自收购之日起十日内注销;属于第(二)项、第(四)项情形的,应当在六个月内转让或者注销。

公司依照第一款第(三)项规定收购的本公司股份,不得超过本公司已发行股份总额的百分之五;用于收购的资金应当从公司的税后利润中支出;所收购的股份应当在一年内转让给职工。

公司不得接受本公司的股票作为质押权的标的。

另外,《公司法》中关于有限责任公司股东的股份回购请求权规定如下:

第七十四条 有下列情形之一的,对股东会该项决议投反对票的股东可以请求公司按照合理的价格收购其股权:

(一)公司连续五年不向股东分配利润,而公司该五年连续盈利,并且符合本法规定的分配利润条件的;

(二)公司合并、分立、转让主要财产的;

(三)公司章程规定的营业期限届满或者章程规定的其他解散事由出现,股东会会议通过决议修改章程使公司存续的。

自股东会会议决议通过之日起六十日内,股东与公司不能达成股权收购协议的,股东可以自股东会会议决议通过之日起九十日内向人民法院提起诉讼。

剩余财产分配权：公司破产，小股东一定血本无归吗

小费阿姨偶然听说他的儿子所在的公司最近破产倒闭了,正忙着找新的工作。是公司就有破产的可能,那作为投资上市公司的小股民,如果投资的上市公司破产了,又该如何维护自己的权益呢?带着这个疑问,小费阿姨又找到了小钟老师。

小费阿姨:小钟老师,如果我投资的上市公司破产了,我手里的股票是不是就血本无归了?

小钟老师:股东对公司出资的所有权,直接体现公司资产上。之前我们已经讲过股东的分红权,而对于破产的公司,我们股东还保留一项权利,叫作剩余财产分配权。如果上市公司经过破产清算以后还有剩余资产,股东可以通过行使剩余资产分配权,请求参与分配剩余资产。

小费阿姨:那行使这个权利有什么条件吗?

小钟老师说:当然,行使这一权利的前提是公司依法进入破产清算程序,而且公司的净资产在清算时大于公司的债务。而破产清算的公司,往往资不抵债。总体而言,公司债权人的债务清偿权优先于股东的剩余资产分配权。根据我国《公司法》的规定,公司资产在分别支付清算费用、职工工资和劳动保险费用,缴纳所欠税款,清偿公司债务后的剩余资产,股份有限公司按照股东持有的股份比例分配;公司资产在未按照前列顺序清偿完毕前,不得分配给股东;未清偿债务前分配公司资产的,责令改正,并对公司及直接负责的主管人员和其他直接责任人员处以罚款,构成犯罪的,依法追究刑事责任。

小费阿姨:原来是这样。对于那些 ST、* ST 股票,我们是不是该多注意这方面的问题呢?

小钟老师:实际上,上市公司在破产倒闭之前,连续两年亏损的上市公司会转成 ST,即退市风险警示;连续 3 年亏损转为 * ST,即严重退市风险警示;如果第 3 年度末,还不能转为盈利,将被暂停上市;而第四年度末如果依然亏损,就会进入退市整理期。

在实践中,对于我国的股民而言,真正出现上市公司破产倒闭最后血本无归的情况并不多见,许多破产的上市公司会进行破产重整。破产重整也是《企业破产法》规

定的三种破产程序之一，以帮助公司脱离困境、实现重生为目的。近年来，沪深两市都出现了一些通过破产重整程序实现企业脱困复兴的案例。不过，需要注意的是，公司如果进入破产重整程序，与破产清算不同，股东履行剩余财产分配权就会受到限制。如果股东对公司的破产程序有异议，可以依据《公司法》和《企业破产法》，向法院寻求救济。

孟博士解读

我国《公司法》第十章对公司的解散和清算作了规定。

《公司法》第 186 条规定，清算组在清理公司财产、编制资产负债表和财产清单后，应当制订清算方案，并报股东会、股东大会或者人民法院确认。公司财产在分别支付清算费用、职工的工资、社会保险费用和法定补偿金，缴纳所欠税款，清偿公司债务后的剩余财产，有限责任公司按照股东的出资比例分配，股份有限公司按照股东持有的股份比例分配。清算期间，公司存续，但不得开展与清算无关的经营活动。公司财产在未依照前款规定清偿前，不得分配给股东。

另外，《公司法》第 184 条规定了清算组在清算期间所拥有的职权；第 185 条规定了在清算期间清算组通知债权人以及债权人申报债权的时间和所交材料；第 187 条规定了公司财产不足以清偿债务应当依法向人民法院申请宣告破产；第 189 条规定了清算组成员的责任和义务。

《企业破产法》对规范企业破产程序也作了相关规定。

中小股东在公司收购中的权利

冯小哥:小钟老师,我看到有上市公司发要约收购的公告,想听您讲讲要约收购是怎么回事,以及我们中小股东在收购中都有哪些权利。

小钟老师:讲要约收购之前,我们先来了解上市公司收购。上市公司收购就是投资者通过取得上市公司股份或其他方式成为上市公司的控股股东或者实际控制人,从而取得上市公司控制权的行为。根据收购方式的不同,收购分为协议收购和要约收购。协议收购,是指收购人与特定的股东达成协议而取得被收购人的股权。实践中,协议收购多是收购人与被收购人的控股股东或者实际控制人达成收购协议。要约收购,是指收购人通过向上市公司全体股东发出收购上市公司的全部股份或者部分股份的邀约的方式,从而获得被收购人的股权。要约收购最大的特点是,在所有股东平等获取信息的基础上,由股东自主作出选择,且向全体股东公开发出要约也提高了收购的效率,有利于防止各种内幕交易,保障全体股东尤其是中小股东的利益,体现了公平和效率。

冯小哥:那收购过程中我们中小股东要注意哪些问题呢?

小钟老师:在公司收购中,中小股东往往是被动的旁观者和结果的接受者,一切活动由董事主持。由于中小股东处于弱者地位,在公司收购中,中小股东属于弱势群体。为保护中小股东,法律赋予了中小股东很多权利,也对收购者有很多限制。比如,对收购人资格的要求、对要约收购的强制性规定、对信息披露的特殊要求等。

冯小哥:您能详细和我说说吗?

小钟老师:我们就以要约收购为例吧。当一方通过证券交易所交易已取得一个上市公司30%以上表决权的股份,如果其继续进行收购,就应向该公司的其余股东发出全面或部分收购要约。而在公开要约时,为了平等对待股东,收购者向所有股东发出的收购要约中的每一项条件,都平等地适用于同类股权的每一个股东。收购方在发出收购要约时,必须将本身的情况、收购目的、收购价格、收购条件、对目标公司雇员安置、原有福利的安排等情况公开告知。收购人对同一种类股票的要约价格,不得低于要约收购提示性公告日前6个月内收购人取得该种股票所支付的最高价格。如果只是部分收购,当目标公司的股东承诺出售的股票数量超过收购方拟收购的数量时,收购方应依同一比例从每位承诺股东手里购买。

冯小哥：如果我承诺出售股票，又改变主意了怎么办呢？

小钟老师：同意接受收购要约的股东即预受股东，应当委托证券公司办理预受要约的相关手续。预受，是指被收购公司股东初步同意接受要约。在要约收购期限届满3个交易日前，预受股东可以委托证券公司办理撤回预受要约的手续。

冯小哥：原来如此，看来要约收购中还是有很多中小股东要注意的事项。

小钟老师：没错，下面我们请孟博士再讲讲有关收购的法律法规。

孟博士解读

我们来看一下证监会发布的《上市公司收购管理办法》中的相关规定。

第七条 被收购公司的控股股东或者实际控制人不得滥用股东权利损害被收购公司或者其他股东的合法权益。

被收购公司的控股股东、实际控制人及其关联方有损害被收购公司及其他股东合法权益的，上述控股股东、实际控制人在转让被收购公司控制权之前，应当主动消除损害；未能消除损害的，应当就其出让相关股份所得收入用于消除全部损害做出安排，对不足以消除损害的部分应当提供充分有效的履约担保或安排，并依照公司章程取得被收购公司股东大会的批准。

第二十三条 投资者自愿选择以要约方式收购上市公司股份的，可以向被收购公司所有股东发出收购其所持有的全部股份的要约（以下简称全面要约），也可以向被收购公司所有股东发出收购其所持有的部分股份的要约（以下简称部分要约）。

第二十四条 通过证券交易所的证券交易，收购人持有一个上市公司的股份达到该公司已发行股份的30%时，继续增持股份的，应当采取要约方式进行，发出全面要约或者部分要约。

第二十六条 以要约方式进行上市公司收购的，收购人应当公平对待被收购公司的所有股东。持有同一种类股份的股东应当得到同等对待。

第二十八条 以要约方式收购上市公司股份的，收购人应当编制要约收购报告书，聘请财务顾问，通知被收购公司，同时对要约收购报告书摘要作出提示性公告。

本次收购依法应当取得相关部门批准的，收购人应当在要约收购报告书摘要中作出特别提示，并在取得批准后公告要约收购报告书。

第三十二条 被收购公司董事会应当对收购人的主体资格、资信情况及收购意图进行调查，对要约条件进行分析，对股东是否接受要约提出建议，并聘请独立财务顾问提出专业意见。在收购人公告要约收购报告书后20日内,被收购公司董事会应当公告被收购公司董事会报告书与独立财务顾问的专业意见。

收购人对收购要约条件做出重大变更的,被收购公司董事会应当在3个工作日内公告董事会及独立财务顾问就要约条件的变更情况所出具补充意见。

三、股东表决权

股东大会知多少

冯大娘：小钟老师，您好！我们家老冯一直说，自己买股票成为股东，有权利啦，还说小钟老师和孟博士教他学会了使用股东权利，我也没当回事。这几天他说在网络上参加了个什么股东大会投票，不过瘾，又要去外地参加另一个股东大会，现场行使权利。我问他怎么回事，他就说我不懂，不要瞎掺和。我这干脆就来找您问问，到底是怎么回事。

小钟老师：大娘您不要急，我们慢慢说。冯大爷买了股票成为上市公司股东，有了很多股东权利，这个冯大爷跟您说过吧？

冯大娘：对对，他说了好多，什么知情权、建议权……这不，他去开会就不愿和我说了。

小钟老师：关于股东权利具体的我也不细说了，如果您感兴趣可以经常关注我们的专栏。我们先来讲讲股东大会。股东大会是股东行使权利的重要手段，是公司的最高权力机关，由全体股东组成，对公司重大事项、选聘董事、经营管理等方面进行决策，分为定期股东大会和临时股东大会。通常股东可以在股东大会上行使表决权、建议权、知情权等权利……

冯大娘：这几个权利我听说过，是几种简单的股东权利，原来都可以通过股东大会行使呀！

小钟老师：没错！上市公司是属于全体股东的。通过在股东大会上行使股东权利，股东可以直接参与公司治理，对自己感兴趣的议案表明态度，发表看法，影响上市公司决策，使上市公司能够更好地发展，使自己能得到更好的回报。

冯大娘：这样啊，看来股东大会还挺重要的。那为什么有的开会在网上投票，有的开会在现场参加？

小钟老师：以前上市公司召开股东大会都是现场参会，在互联网广泛运用的今天，为方便股东投票，上市公司召开股东大会必须开通网络投票。股东既可以去现场参加会议，也可以在证券交易所、券商交易软件或中国证券登记结算有限责任公司提供的网络投票平台投票，具体投票方式我们之前也在栏目里做过介绍。网络投票主要是方便异地股东参会,而现场参会可以与上市公司董事、监事、高级管理人员直接接触,股东不仅能行使表决权,还可以现场行使质询权、建议权,更直观地了解上市公司,面对面发出声音。

冯大娘:这下我懂了。看来我家老冯是有啥想对上市公司说的了,可是他岁数大了,出远门我不放心啊,能不能让我儿子替他去?

小钟老师:可以呀,股东可以委托他人参加股东大会,只要写一个授权委托书就好了。

冯大娘:那参加股东大会都要注意些什么?带哪些东西去呢?

小钟老师:股东参加股东大会,要先查询公司公告的股东大会通知,查看自己持股情况,必须在上市公司公布的股权登记日持有股票才有参会资格。现场参加股东大会,股东要携带股票账户卡、有效身份证件或证明;委托他人参加会议,受托人除了上述材料,还要携带授权委托书和受托人个人有效身份证件。股东大会具体的流程和规定我们会请孟博士做个介绍,以后我们专栏还会有一系列对股东大会有关权利的介绍。

冯大娘:谢谢小钟老师,我基本明白了,一会儿听完孟博士的讲解,我就回去和老冯讲讲,让他知道我也了解股东权利。

孟博士解读

《公司法》第98条规定:"股份有限公司股东大会由全体股东组成。股东大会是公司的权力机构,依照本法行使职权。"

第99条和第37条第1款规定,股东大会行使下列职权:

(1)决定公司的经营方针和投资计划;

(2)选举和更换非由职工代表担任的董事、监事,决定有关董事、监事的报酬事项;

(3)审议批准董事会的报告;

(4)审议批准监事会或者监事的报告;

(5)审议批准公司的年度财务预算方案、决算方案;

(6)审议批准公司的利润分配方案和弥补亏损方案;

(7)对公司增加或者减少注册资本作出决议;

(8)对发行公司债券作出决议;

(9)对公司合并、分立、解散、清算或者变更公司形式作出决议;

(10)修改公司章程;

(11)公司章程规定的其他职权。

下面根据《上市公司股东大会规则》(2016年修订),我们来讲一下股东大会的召开程序。

1. 上市公司发布股东大会通知

第十五条　召集人应当在年度股东大会召开20日前以公告方式通知各普通股股东(含表决权恢复的优先股股东),临时股东大会应当于会议召开15日前以公告方式通知各普通股股东(含表决权恢复的优先股股东)。

第十六条　股东大会通知和补充通知中应当充分、完整披露所有提案的具体内容,以及为使股东对拟讨论的事项作出合理判断所需的全部资料或解释……

第十八条　股东大会通知中应当列明会议时间、地点,并确定股权登记日。股权登记日与会议日期之间的间隔应当不多于7个工作日。股权登记日一旦确认,不得变更。

2. 召开股东大会

第二十条　公司应当在公司住所地或公司章程规定的地点召开股东大会。

股东大会应当设置会场,以现场会议形式召开,并应当按照法律、行政法规、中国证监会或公司章程的规定,采用安全、经济、便捷的网络和其他方式为股东参加股东大会提供便利。股东通过上述方式参加股东大会的,视为出席。

股东可以亲自出席股东大会并行使表决权,也可以委托他人代为出席和在授权范围内行使表决权。

第二十三条　股权登记日登记在册的所有普通股股东(含表决权恢复的优先股股东)或其代理人,均有权出席股东大会,公司和召集人不得以任何理由拒绝。

……

第二十四条　股东应当持股票账户卡、身份证或其他能够表明其身份的有效证件或证明出席股东大会。代理人还应当提交股东授权委托书和个人有效身份证件。

第二十八条　在年度股东大会上,董事会、监事会应当就其过去一年的工作向股东大会作出报告,每名独立董事也应作出述职报告。

第二十九条　董事、监事、高级管理人员在股东大会上应就股东的质询作出解释和说明。

3. 议案的审议和表决

第三十条 会议主持人应当在表决前宣布现场出席会议的股东和代理人人数及所持有表决权的股份总数,现场出席会议的股东和代理人人数及所持有表决权的股份总数以会议登记为准。

第三十一条 股东与股东大会拟审议事项有关联关系时,应当回避表决,其所持有表决权的股份不计入出席股东大会有表决权的股份总数。

股东大会审议影响中小投资者利益的重大事项时,对中小投资者的表决应当单独计票。单独计票结果应当及时公开披露。

公司持有自己的股份没有表决权,且该部分股份不计入出席股东大会有表决权的股份总数。

公司董事会、独立董事和符合相关规定条件的股东可以公开征集股东投票权。征集股东投票权应当向被征集人充分披露具体投票意向等信息。禁止以有偿或者变相有偿的方式征集股东投票权。公司不得对征集投票权提出最低持股比例限制。

第三十三条 除累积投票制外,股东大会对所有提案应当逐项表决。对同一事项有不同提案的,应当按提案提出的时间顺序进行表决。除因不可抗力等特殊原因导致股东大会中止或不能作出决议外,股东大会不得对提案进行搁置或不予表决。

……

第三十六条 出席股东大会的股东,应当对提交表决的提案发表以下意见之一:同意、反对或弃权……未填、错填、字迹无法辨认的表决票或未投的表决票均视为投票人放弃表决权利,其所持股份数的表决结果应计为“弃权”。

4. 计票

第三十七条 股东大会对提案进行表决前,应当推举两名股东代表参加计票和监票。审议事项与股东有关联关系的,相关股东及代理人不得参加计票、监票。

股东大会对提案进行表决时,应当由律师、股东代表与监事代表共同负责计票、监票。

通过网络或其他方式投票的公司股东或其代理人,有权通过相应的投票系统查验自己的投票结果。

5. 公布结果

第三十八条 股东大会会议现场结束时间不得早于网络或其他方式,会议主持人应当在会议现场宣布每一提案的表决情况和结果,并根据表决结果宣布提案是否通过。

在正式公布表决结果前,股东大会现场、网络及其他表决方式中所涉及的公司、计票人、监票人、主要股东、网络服务方等相关各方对表决情况均负有保密义务。

第三十九条　股东大会决议应当及时公告,公告中应列明出席会议的股东和代理人人数、所持有表决权的股份总数及占公司有表决权股份总数的比例、表决方式、每项提案的表决结果和通过的各项决议的详细内容。

……

小权利大作用：股东大会表决权

冯小哥受他的父亲冯大爷的委托,要去股东大会现场开会,从未接触过股票的冯小哥心里没底,决定找小钟老师咨询。

冯小哥:小钟老师,您好！我爸叫我替他去开股东大会,他把您教他的内容传达给我了,我已经备好了材料,但还是想再向您学习学习。

小钟老师:没问题,您有什么疑问尽管提。

冯小哥:我爸说,我这次主要是去行使表决权、质询权和建议权。表决权就是投票吧？您就先和我说说表决权吧！

小钟老师:表决权看似很简单,其实学问也不少。股东表决权,是指股东基于股东地位享有的,就股东大会的议案做出一定意思表示的权利。实际操作起来就是你说的投票。表决权是股东的核心权利之一,体现了股东对公司经营的控制与约束。股东可通过行使表决权,将内心的需要和愿望通过法定途径表达出来,大多数股东的想法又上升为股东大会决议,成为公司层面的最高决策。如果没有表决权,股东大会制度将成为空谈,股东大会决议将无法形成,公司的运作秩序将会陷于紊乱。

冯小哥:表决权原来这么重要啊！那我可要好好重视起来。

小钟老师:没错！尤其是中小股东,更应积极行使表决权。中小股东个体力量弱小,如果面对侵犯自己权益的议案时,或是漠不关心,或是忍气吞声,那么仅剩的反对声也被淹没了。但中小股东人数众多,如果能够齐心协力行使表决权,仍可以发出强有力的声音,避免权益被侵犯。我国十分重视中小股东表决权的保障,比如国务院办公厅《关于进一步加强资本市场中小投资者合法权益保护工作的意见》(国办发〔2013〕110 号)就提出“引导上市公司股东大会全面采用网络投票方式”“上市公司股东大会审议影响中小投资者利益的重大事项时,对中小投资者表决应当单独计票”“积极推行累积投票制选举董事、监事”等保护中小股东表决权的要求。《公司法》、证监会《上市公司章程指引》等法律法规也都作了相关规定。

冯小哥:网络投票我知道,就是我们股东可以通过网络的方式参加股东大会投票。中小投资者单独计票我也通过您给的资料了解过,就是对中小投资者的表决结果单独计算,体现中小投资者的意志。累积投票我还不太懂,您能讲讲吗？

小钟老师：累积投票制，是指股东大会选举两名以上的董事时，股东所持的每一股份拥有与应选董事总人数相等的投票权，股东既可用所有的投票权集中投票选举一人，也可分散投票选举数人，按得票多少依次决定董事人选的表决权制度。比如，您手里有80股，有三名董事候选人，您就有240份表决票，可以都投给一个人，也可以分投不同的票数给每人。累积投票制可以防止大股东利用表决权优势操纵董事的选举，限制大股东对董事、监事选举过程的绝对控制力。投票时，股东可以将其表决权集中投给一个或几个董事候选人，通过这种局部集中的投票方法，能够使中小股东选出代表自己利益的董事，避免大股东垄断全部董事的选任。

冯小哥：原来如此。看来表决权所包含的内容很多呀！我要先消化消化，去参加股东大会投票时也能做个明白人。

小钟老师：好呀，我让孟博士再向您补充解读下，让您彻底弄懂表决权。

孟博士解读

让我们了解一下《公司法》对表决权的有关规定。

第一百零三条　股东出席股东大会会议，所持每一股份有一表决权。但是，公司持有的本公司股份没有表决权。

股东大会作出决议，必须经出席会议的股东所持表决权过半数通过。但是，股东大会作出修改公司章程、增加或者减少注册资本的决议，以及公司合并、分立、解散或者变更公司形式的决议，必须经出席会议的股东所持表决权的三分之二以上通过。

第一百零四条　本法和公司章程规定公司转让、受让重大资产或者对外提供担保等事项必须经股东大会作出决议的，董事会应当及时召集股东大会会议，由股东大会就上述事项进行表决。

第一百零五条　股东大会选举董事、监事，可以依照公司章程的规定或者股东大会的决议，实行累积投票制。

本法所称累积投票制，是指股东大会选举董事或者监事时，每一股份拥有与应选董事或者监事人数相同的表决权，股东拥有的表决权可以集中使用。

第一百零六条　股东可以委托代理人出席股东大会会议，代理人应当向公司提交股东授权委托书，并在授权范围内行使表决权。

第一百二十一条　上市公司在一年内购买、出售重大资产或者担保金额超过公司资产总额百分之三十的，应当由股东大会作出决议，并经出席会议的股东所持表决权的三分之二以上通过。

下面我们了解一下网络投票、中小投资者单独计票、累积投票的相关规定。

证监会发布的《上市公司章程指引》(2016年修订)第78条第2款规定:"股东大会审议影响中小投资者利益的重大事项时,对中小投资者表决应当单独计票。单独计票结果应当及时公开披露。"

第80条规定:"公司应在保证股东大会合法、有效的前提下,通过各种方式和途径,优先提供网络形式的投票平台等现代信息技术手段,为股东参加股东大会提供便利。"

第82条第2款规定:"股东大会就选举董事、监事进行表决时,根据本章程的规定或者股东大会的决议,可以实行累积投票制。"

证监会发布的《上市公司治理准则》第31条规定:"在董事的选举过程中,应充分反映中小股东的意见。股东大会在董事选举中应积极推行累积投票制度。控股股东控股比例在30%以上的上市公司,应当采用累积投票制。采用累积投票制度的上市公司,应在公司章程里规定该制度的实施细则。"

征集投票权：积少成多，众志成城

冯小哥：小钟老师，我又来向您请教啦！

小钟老师：欢迎欢迎！这两天怎么没看到冯大爷呀？

冯小哥：唉，别提啦！我爸他买的一家上市公司出了个糟心事，他回家一顿吹胡子瞪眼，气病了……

小钟老师：冯大爷真是为股市操碎了心。等下班我和你一起去看看他。你今天想咨询什么事？

冯小哥：这不前几天这家上市公司的股东忍无可忍，发起了征集投票，我爸赶忙让我来向您咨询咨询。以前从来没接触过，具体是怎么回事呀？

小钟老师：还记得上次我和你讲过的股东大会表决权吧？

冯小哥：记得，上次我爸委托我去股东大会现场开会，我来向您咨询。

小钟老师：对呢，其实征集投票权就是建立在股东大会表决权和委托代理机制基础上的。简单来说，就是征集人对股东大会的议案有个投票意愿，但手中持股比例较低，于是向市场发出征集，号召有同样意愿的股东们把手中的投票权委托给他，争取获得更大的投票优势。征集的主体可以是董事会、独立董事，也可以是符合条件的股东。

冯小哥：也就是说，这次我们中小股东可以通过征集投票权的方式，反对上市公司侵害我们权利的提案？

小钟老师：没错，中小股东因为手中持股比例低，话语权薄弱。运用征集投票权，可以集中反映中小股东的意愿，若产生规模效应，甚至可以对议案决议产生重大影响。其实不仅投票权可以征集，提案权、股东诉讼权等股东权利都是可以公开征集的，这些都是中小投资者维护自身权利的有力武器。

冯小哥：我明白啦！我们中小股东人微言轻，只有联合到一处，才能发出更有力的声音。那我该准备哪些材料呢？

小钟老师：与委托投票权一样，把你的授权委托书和持股凭证等材料交给代理人即可。接下来我们再请孟博士详细跟你说说有关的法律法规，让你彻底弄懂征集投票权。

冯小哥：谢谢小钟老师！我回去和我爸说说，让他积极参与征集投票，维护我们的权益!

孟博士解读

我们来讲解一下关于征集投票权的有关法律法规。

《公司法》第106条规定:“股东可以委托代理人出席股东大会会议,代理人应当向公司提交股东授权委托书,并在授权范围内行使表决权。”这一规定,为上市公司股东委托他人行使投票权提供了法律依据。

证监会《上市公司章程指引》第78条第4款、《上市公司股东大会规则》第31条第5款规定:“公司董事会、独立董事和符合相关规定条件的股东可以公开征集股东投票权。征集股东投票权应当向被征集人充分披露具体投票意向等信息。禁止以有偿或者变相有偿的方式征集股东投票权。公司不得对征集投票权提出最低持股比例限制。”

对于委托材料方面,《上市公司章程指引》第60条规定:“个人股东……委托代理他人出席会议的,应出示本人有效身份证件、股东授权委托书。法人股东……委托代理人出席会议的,代理人应出示本人身份证、法人股东单位的法定代表人依法出具的书面授权委托书。”

第61条规定:“股东出具的委托他人出席股东大会的授权委托书应当载明下列内容:(一)代理人的姓名;(二)是否具有表决权;(三)分别对列入股东大会议程的每一审议事项投赞成、反对或弃权票的指示;(四)委托书签发日期和有效期限;(五)委托人签名(或盖章)。委托人为法人股东的,应加盖法人单位印章。”

第62条规定:“委托书应当注明如果股东不作具体指示,股东代理人是否可以按自己的意思表决。”

第63条第1款规定:“代理投票授权委托书由委托人授权他人签署的,授权签署的授权书或者其他授权文件应当经过公证。经公证的授权书或者其他授权文件,和投票代理委托书均需备置于公司住所或者召集会议的通知中指定的其他地方。”

四、股东提案权

股东大会提案权：说出中小股东的心声

小费阿姨：小钟老师，我投资的公司下个月就要开股东大会了。不瞒您说，我对公司的经营管理也有一些自己的看法。您平时总说股东要主动行使自己的权利，那我作为小股东，能不能在股东大会上提案呀？

小钟老师：是这样的，小费阿姨，上市公司属于全体股东，您作为公司股东的一员，当然可以在股东大会上提出与公司经营管理相关的建议和质询。但是，如果是想要在股东大会上提出议案，要求还是比较高的。根据《公司法》的规定，上市公司股东大会上的议题和议案，不仅可以由董事会和监事会提出，而且持股单独或合计持股3%以上的股东也可以提出。

小费阿姨：这样啊，我和冯大爷正好都是这个公司的股东，我们的股份可以加在一起喽？

小钟老师：对。想行使这项权利的中小股东，一定要记住，必须达到公司股份的3%以上。在实际操作中，单独能够持有3%以上股份的个人投资者是很少的，所以行使这项权利时往往通过公开征集的方式来实现。

小费阿姨：小钟老师，您再给我详细讲讲这个提案权吧。

小钟老师：股东大会议案的内容应当属于股东大会的职权范围，如公司的经营和投资的计划，并且一定要有明确的议题和具体的决议事项。而且您看，虽然现在离召开股东大会的时间不远了，但根据《公司法》的规定，在股东大会召开的10日之前，符合条件的股东能够提出临时议案，书面提交给董事会，股东大会的召集人会在收到通知后2日内发出股东大会补充通知告知其他股东，并将该临时议案提交股东大会审议。股东大会提案权这项权利是为了保护中小股东的利益、防止大股东的任意作为而设立的，能够保证像您一样的少数股东有将其关心的问题提交给股东大会讨论的可能，提高中小股东在股东大会中的主动地位。孟博士还专门对此项权利的法条进行了详细的分析解读，您感兴趣的话不妨也看看吧。

孟博士解读

下面让我们了解下有关股东大会和股东会提案权的部分法条。

《公司法》第102条第2款规定:“单独或者合计持有公司股份达到3%以上的股东,可以在股东大会召开前十日提出临时提案并书面提交董事会。董事会应当在收到提案后2日内通知其他股东,并将该临时提案提交股东大会审议。临时提案的内容应当属于股东大会的职权范围之内,并有明确议题和其他决议事项。”

分析解读此规定,公司少数股东行使提案权应当符合以下条件:

(1)提出提案的股东,必须是单独或者合并持有公司3%以上股份的股东。(2)提出提案的股东应在股东大会召开10日前提出。(3)提案的审议事项,“应当属于股东大会职权范围,并有明议题和具体决议事项”。(4)应当采取书面形式通知董事会。

此外,股东大会职权范围应当符合《公司法》第38条的规定。根据《公司法》第38条和第100条规定,股东大会行使下列职权:(1)决定公司的经营方针和投资计划;(2)选举和更换非由职工代表担任的董事、监事,决定有关董事、监事的报酬事项;(3)审议批准董事会的报告;(4)审议批准监事会或者监事的报告;(5)审议批准公司的年度财务预算方案、决算方案;(6)审议批准公司的利润分配方案和弥补亏损方案;(7)对公司增加或者减少注册资本作出决议;(8)对发行公司债券作出决议;(9)对公司合并、分立、解散、清算或者变更公司形式作出决议;(10)修改公司章程;(11)公司章程规定的其他职权。

独立董事提名权：董事会里的“代表人”，中小投资者自己选

近日，小费阿姨在看报纸的时候看到了“独立董事”一词，上面提到这个制度创设的初衷是为了保护中小投资者的合法权益，小费阿姨很是好奇，便又来到投服中心找小钟老师请教。

小费阿姨：小钟老师，这个“独立董事”是个啥意思呀？

小钟老师：独立董事，顾名思义是指独立于公司主要股东和公司经营管理层，能够对公司事务做出独立判断的董事。证监会在《关于在上市公司建立独立董事制度的指导意见》中指出，上市公司独立董事是指不在上市公司担任除董事外的其他职务，并与其所受聘的上市公司及其主要股东不存在可能妨碍其进行独立客观判断关系的董事。

小费阿姨：独立董事制度是怎么来的呢？

小钟老师：独立董事制度是为了解决公司治理中的委托—代理问题，它作为一项监督机制，有利于完善公司治理结构。最早的独立董事制度起源于美国，1976 年美国证监会要求每家上市公司设立并维持一个专门的独立董事组成的审计委员会。此后，各国纷纷效仿，独立董事制度逐步成为公司治理结构的重要组成部分。

在我国，1997 年证监会发布《上市公司章程指引》，首次引入独立董事的概念，而 2001 年证监会正式颁布的《关于上市公司建立独立董事制度的指导意见》明确规定，上市公司必须引入独立董事制度。

小费阿姨：我听说独立董事制度可以维护咱们中小投资者的利益，是这样吗？

小钟老师：是的，独立董事最核心的职能是监督，最关键的特点就是“独立性”。独立董事必须在经济利益和亲缘关系等各方面都独立于上市公司主要股东和实际控制人或者其他与上市公司存在利害关系的单位或个人，站在一个客观的立场上，独立发挥监督职能，对公司的管理层提出建议和质询，防止内部人控制，从而维护中小股东权益。

独立董事还应当具备的另一个重要特点是“专业性”。目前，我国上市公司董事会成员中应当至少包括 1/3 独立董事，独立董事的基本条件之一是要具有 5 年以上法律、经济或者其他履行独立董事职责所必需的工作经验，而且其中至少应包括一名

会计专业人士。专业性是独立董事有效行使职能的前提,保障了独立董事真正有能力对公司存在的有关问题发表有价值的意见。

独立董事对上市公司及全体股东负有诚信与勤勉义务。独立董事应当按照相关法律法规、该指导意见和公司章程的要求,认真履行职责,维护公司整体利益,特别要关注中小股东的合法权益不受损害。

小费阿姨:这样看来,独立董事可以说是中小股民在公司董事会的"代表人"呀。那么独立董事具体都做些什么呢?

小钟老师:独立董事作为公司的董事,具有《公司法》和其他法律法规赋予董事的职权。此外,独立董事还具有一些特别职权,例如提议聘用或解聘会计师事务所、提请召开临时股东大会、提议召开董事会、独立聘请外部审计机构和咨询机构等,公司的重大关联交易也应当首先得到独立董事的认可。还有我们上次详细说过的"征集投票权",也是独立董事的职权之一。对于公司的重大事项,独立董事还应当向董事会或股东大会发表独立意见,如果有关事项属于需要披露的事项,上市公司应当将独立董事的意见予以公告。

小费阿姨:独立董事是怎么选的呢?我们小股民怎样才能让自己信任的人担任独立董事?

小钟老师:《关于在上市公司建立独立董事制度的指导意见》中规定,不仅上市公司的董事会、监事会可以提名独立董事候选人,单独或者合并持有上市公司已发行股份1%以上的股东也可以提名。虽然单个的小股东很难做到持股1%以上,但就像上次我们说过的"股东大会提案权"一样,许许多多的小股东在一起,通过像公开征集这样的方式集合起来,就有可能提名独立董事了。当然,提名是第一步,是否当选还需要经过股东大会选举决定。

独立董事的提名人在提名前应当征得被提名人的同意,提名人应当充分了解被提名人的职业、学历、工作和兼职经历等各个方面的情况,并对其担任独立董事的资格和独立性发表意见,被提名人则应当就其本人与上市公司之间不存在任何影响其独立客观判断的关系发表公开声明。证监会在15个工作日内对独立董事的任职资格和独立性进行审核。对证监会持有异议的被提名人,可作为公司董事候选人,但不作为独立董事候选人。独立董事每届任期与该上市公司其他董事任期相同,任期届满,连选可以连任,但是连任时间不得超过6年。

孟博士解读

我国的《公司法》以及《关于在上市公司建立独立董事制度的指导意见》对独立董事提名权的相关内容进行了具体的规定。《公司法》第 37 条第 2 款规定了股东会选举和更换非由职工代表担任的董事、监事的权力以及决定有关董事、监事的报酬事项,《关于在上市公司建立独立董事制度的指导意见》对于独立董事的含义进行了相应的阐述,并规定了选举独立董事的主体范围、审核流程、独立董事的任期。同时,孟博士提醒小费阿姨,如果在权利的行使方面有任何疑问,或者是权利行使存在困难、合法权益受到侵害,可以寻求投服中心的帮助,投服中心可以通过持股行权、纠纷调解、诉讼与支持诉讼等多种途径来帮助投资者维护自身权益。

五、股东大会召集权

股东大会召集和主持权

小费阿姨:小钟老师,我们讲过这么多有关股东大会的内容,那我作为上市公司的股东,除了可以参加股东大会进行投票,还有权利要求召开股东大会吗?

小钟老师:股东大会会议一般是由董事会召集的。董事会是由股东选举产生的董事组成的公司经营决策机构,最了解公司的情况,因此董事会是股东大会会议最适合的召集人。所以在没有特殊情况时,董事会为股东大会会议的法定召集人。

小费阿姨:这么说召开股东大会的权利仅限于董事会?

小钟老师:也不一定。在董事会不能履行或者不履行召集股东大会会议职责的时候,股东大会可以由监事会来召集。

小费阿姨:那我们股东自己呢?

小钟老师:符合一定条件的股东,在一定情况下也是可以召集股东大会的。股东是公司的出资者和公司财产的最终所有者,在股东大会会议不能正常召开的情况下,应当赋予股东召集股东大会会议的权利以维护其合法权益。同时,由于股份有限公司股东人数较多、股权分散,如果赋予每一股东此项权利而不给予必要的限制,可能影响公司的正常经营,甚至导致公司组织机构和运营的混乱。因此,《公司法》对股东召集股东大会的权利作了一定限制:只有在董事会、监事会不履行召集股东大会义务的情况下,连续90日以上单独或合计持有公司100%以上股份的股东才可以自行召集。

小费阿姨:那么是由谁来担任股东大会的主持人呢?

小钟老师:这就要分情况来讨论了。首先,在股东大会会议由董事会召集时,董事长为主持人;董事长不能履行职务或者不履行职务的,由副董事长主持;副董事长不能履行职务或者不履行职务的,由半数以上董事共同推举一名董事主持。其次,如果是监事会召集股东大会会议,由监事会为主持人。最后,在符合条件的股东自行召集股东大会时,召集会议的股东为主持人。当然,如果是多名股东合计持股10%以上的情况,这些股东可以作为共同主持人,或是推举其中一人履行主持人的职责。

小费阿姨:原来是这样。看来对于股东大会,我们股东不仅仅可以参与,还能承担许多其他责任呢。

小钟老师：对。接下来，您还可以看一看孟博士对于股东大会召集和主持权相关法律法规的解读，记住股东的这项权益。

孟博士解读

根据《公司法》第100条，股东会会议分为定期会议和临时会议。

《公司法》第100条规定，股东大会应当每年召开一次年会，还规定了召开临时股东大会的六种情形，有下列情形之一的，应当在两个月内召开临时股东大会：(1)董事人数不足《公司法》规定人数或者公司章程所定人数的2/3时；(2)公司未弥补的亏损达实收股本总额1/3时；(3)单独或者合计持有公司10%以上股份的股东请求时；(4)董事会认为必要时；(5)监事会提议召开时；(6)公司章程规定的其他情形。

有关股东大会的召集权和主持权主要规定在《公司法》第101条，股东大会会议由董事会召集，董事长主持；董事长不能履行职务或者不履行职务的，由副董事长主持；副董事长不能履行职务或者不履行职务的，由半数以上董事共同推举一名董事主持。董事会不能履行或者不履行召集股东大会会议职责的，监事会应当及时召集和主持；监事会不召集和主持的，连续90日以上单独或者合计持有公司10%以上股份的股东可以自行召集和主持。无论是定期会议还是临时会议，如果不能如期召开，势必妨碍股东行使权利，股东就可以依法向法院提起诉讼，要求公司依法召开股东会议，维护自身和公司的利益。

六、股东诉讼权

董事、监事、高级管理人员侵权，小股东如何诉讼

小费阿姨:小钟老师,今天我想听您讲讲董事、监事、高级管理人员侵权行为诉讼。

小钟老师:没问题,我们已经讲了这么多种权利,您自己对董事、监事、高级管理人员侵权行为诉讼已经有了一些了解吗?

小费阿姨:我也还没有从别的正规渠道去查,但是从字面意思上看,我觉得董事、监事、高级管理人员侵权行为就是公司的董事、监事和高级管理人员侵犯了投资者的合法权益吧?董事、监事、高级管理人员侵权行为诉讼,就是股东有权利对这些行为提起诉讼。小钟老师,不知道我这样解释对不对?

小钟老师:小费阿姨,看来您对权利的了解已经越来越深入了。没错,董事、监事、高级管理人员侵权行为诉讼,简单来说就是这样。

小费阿姨:我也只能随便说说,小钟老师,您还是给我具体解释一下吧。

小钟老师:好的,不过我们先要复习一下前面已经讲过的股东权利。根据《公司法》及相关法律法规,上市公司的股东不仅可以行使知情权、表决权、建议权和质询权等基本权利,还有股东大会提案权、独立董事提名权等权利。只有投资者切实了解了自己到底有哪些权利,才能分辨自己的权利是如何被侵犯的。

小费阿姨:我以前都只是听你说,泛泛地了解一下,看来还真要好好深入研究研究。

小钟老师:对,正是因为有很多投资者不够了解自己的权利到底有哪些,就给了一些不法分子可乘之机。一些公司的董事、监事、高级管理人员会利用投资者在这些方面知识的薄弱之处,隐瞒公司的实际情况,或者欺骗投资者。当公司的董事、监事、高级管理人员执行公司职务时违反法律、行政法规或者公司章程的规定,给公司造成了损失,或是损害了股东的权益,就应当承担赔偿责任。

小费阿姨:那我要是发现自己被侵权了,该如何提起诉讼呢?

小钟老师:对于董事、监事、高级管理人员的侵权行为,可以通过两种诉讼途径来保护公司和自己的合法权益。股东直接诉讼,即股东的个人性权利受到侵犯时,股东

以自己的名义提起诉讼。原告是被侵犯利益的股东，被告则是公司，或是公司的大股东、董事、监事及高级管理人员。另外还有一部分股东享有派生诉讼权。

小费阿姨：派生诉讼权又是什么呢？

小钟老师：公司的合法权益受到不法侵害，公司的股东可以要求董事会或监事会提起诉讼，而公司怠于起诉时，公司的股东可以以自己的名义起诉，所获赔偿归于公司。通俗地讲，就是公司受到不法侵害，而代表公司的董事、监事、高级管理人员却没有及时出面维护公司的合法权益，以至于可能或已经损害公司及股东的合法权益，这时候股东就可以自己出手，代表公司维权。

小费阿姨：听起来好像很有用。是不是无论我有多少股权，都可以行使这个权利呢？

小钟老师：为了防止恶意诉讼，并不是所有股东都能提起派生诉讼的。根据《公司法》的规定，提起股东派生诉讼的主体是连续180日以上单独或合计持股比例超过1%的股东。董事会有违规行为的，可以请求监事会向人民法院提起诉讼；如果监事会有违规行为的，则可以请求董事会提起诉讼。在董事和高级管理人员有同样侵权事实，拒绝提起诉讼，或是情况十分紧急的情况下，上述股东可以以自己的名义直接向人民法院提起诉讼。具体的法条和规定，还是再来看看孟博士解读吧。

孟博士解读

我们来看一下此项权利相关的法律条文，我国的《公司法》对董事、监事、高级管理人员侵权行为诉讼权的相关内容进行了具体规定。

第一百四十八条　董事、高级管理人员不得有下列行为：

（一）挪用公司资金；

（二）将公司资金以其个人名义或者以其他个人名义开立账户存储；

（三）违反公司章程的规定，未经股东会、股东大会或者董事会同意，将公司资金借贷给他人或者以公司财产为他人提供担保；

（四）违反公司章程的规定或者未经股东会、股东大会同意，与本公司订立合同或者进行交易；

（五）未经股东会或者股东大会同意，利用职务便利为自己或者他人谋取属于公司的商业机会，自营或者为他人经营与所任职公司同类的业务；

（六）接受他人与公司交易的佣金归为己有；

(七)擅自披露公司秘密;

(八)违反对公司忠实义务的其他行为。

董事、高级管理人员违反前款规定所得的收入应当归公司所有。

第一百四十九条 董事、监事、高级管理人员执行公司职务时违反法律、行政法规或者公司章程的规定,给公司造成损失的,应当承担赔偿责任。

第一百五十一条 董事、高级管理人员有本法第一百四十九条规定的情形的,有限责任公司的股东、股份有限公司连续一百八十日以上单独或者合计持有公司百分之一以上股份的股东,可以书面请求监事会或者不设监事会的有限责任公司的监事向人民法院提起诉讼;监事有本法第一百四十九条规定的情形的,前述股东可以书面请求董事会或者不设董事会的有限责任公司的执行董事向人民法院提起诉讼。

监事会、不设监事会的有限责任公司的监事,或者董事会、执行董事收到前款规定的股东书面请求后拒绝提起诉讼,或者自收到请求之日起三十日内未提起诉讼,或者情况紧急、不立即提起诉讼将会使公司利益受到难以弥补的损害的,前款规定的股东有权为了公司的利益以自己的名义直接向人民法院提起诉讼。

他人侵犯公司合法权益,给公司造成损失的,本条第一款规定的股东可以依照前两款的规定向人民法院提起诉讼。

第一百五十二条 董事、高级管理人员违反法律、行政法规或者公司章程的规定,损害股东利益的,股东可以向人民法院提起诉讼。

股东大会、董事会决议撤销诉讼权：少数不一定服从多数

前些天小费阿姨买的一只股票最近停牌了，公司公告说是董事会召开临时会议，要研究重大事项。看到公告之后，小费阿姨一直在琢磨一个问题，董事会开会的时候就几位高管在，形成的决议都是由他们几个人说了算，如果决议损害了咱们股民的利益，又该怎么办呢？小费阿姨拿起手机，向投服中心的小钟老师请教。

小费阿姨：小钟老师，万一公司的股东大会或者董事会损害了我们小股民的利益，我们有没有办法维护自己的权利呢？

小钟老师：当然有啦。作为上市公司的股东，我们应当积极参加股东大会的投票表决，不要轻易放弃自己的权利。但是如果错过机会，不合理的决议已经产生，我们还有一项合法权利叫作"股东大会、董事会决议撤销诉讼权"。

小费阿姨：原来还有这样的权利。不过，不是任何决议都能撤销的吧？

小钟老师：对，根据《公司法》的规定，当股东大会、董事会内容或程序存在瑕疵的时候，股东可以行使决议撤销诉讼权，请求法院撤销或确认无效。

小费阿姨：那么，内容或程序存在瑕疵，应该怎么判断呢？

小钟老师：主要看决议内容或者会议召集程序、表决方式是否违反了法律法规和公司章程。内容或程序存在瑕疵的股东大会、董事会决议的效力分为两种：第一种是无效的股东大会、董事会决议。股东大会、董事会决议的内容违反法律、行政法规的，决议自作出之日起即为无效。第二种是可撤销的股东会或者股东大会、董事会决议，如果作出决议的会议召集程序、表决方式违反了法律、行政法规或公司章程，或者决议的内容违反了公司章程，股东可以在决议作出的60天内，请求人民法院撤销。比如，股东大会由非召集权人召集，未通知部分股东，或是通知时间、通知方法不符合法律或公司章程规定，或未按公司法或公司章程通知会议决议事项等，就属于召集程序和表决方式有瑕疵。再如，决议作出的对外投资、担保的数额超过公司章程的规定等，则属于决议内容违反公司章程，这个决议也是可以被撤销的。

小费阿姨：那对于要提起诉讼的股东，有没有什么要求呢？

小钟老师：如果您想要作为原告发起决议撤销诉讼，首先当然要拥有这个公司的股东身份。而且，股东身份不仅应当在会议决议形成的时候就已经具有，还要一直持续到

起诉的时候才行。需要注意的是,为了保护公司免受股东恶意诉讼的滋扰,《公司法》还规定,在起诉的时候法院可以应公司的请求,要求原告股东提供相应的担保。

小费阿姨:如果我要起诉,是应该告公司还是告董事会呢?

小钟老师:最高人民法院《关于适用〈中华人民共和国若干问题的规定(四)〉》第3条明确规定:“原告起诉请求确认股东会或者股东大会、董事会决议不成立、无效或者撤销决议的案件,应当列公司为被告。对决议涉及的其他利害关系人,可以依法列为第三人。”也就是说,股东会决议无效和撤销之诉的被告,不是股东大会和董事会,而是公司本身。

小费阿姨:这么一讲我就明白多了。看来,虽然董事会、股东大会参会人员占的股权多,但也不是什么事儿都由他们占股多的说了算。如果决议损害了我们的权益,我们同样可以通过法律的武器保护自己。

孟博士解读

我国的《公司法》对股东大会、董事会决议撤销诉讼权的相关内容进行了具体的规定。《公司法》第22条第1款规定了瑕疵决议的无效和撤销,第22条第2款规定了股东作为决议撤销之诉的原告资格,第22条第3款明确了股东提起诉讼应承担的担保责任,第22条第4款规定了股东会或者股东大会、董事会决议已办理变更登记后被宣告无效或者撤销决议,公司应采取的措施。如果投资者在权利的行使方面有任何疑问,或者是权利行使存在困难,可以寻求投服中心的帮助,并通过纠纷调解、诉讼支持等途径来帮助广大股民维护自身的合法权益。

第二节　证券违法违规行为

一、虚 假 陈 述

上市公司信息披露违规行为有哪些

投资者小费阿姨：小钟老师，最近我听邻居都在讨论好几家上市公司信息披露违规被处罚，什么是上市公司信息披露啊？上市公司信息披露会因为哪些行为被处罚呢？

小钟老师：小费阿姨，上市公司信息披露是指上市公司以招股说明书、上市公告书以及定期报告和临时报告等形式，把公司及与公司相关的信息，向投资者和社会公众公开披露的行为。简单来说，上市公司把自己的相关信息通过种种方式公开地告诉大家，就叫作信息披露。

上市公司信息披露违规行为，则是指上市公司在信息披露的过程中，违反相关的法律、法规，编制和对外提供虚假信息，隐瞒或推迟披露重要事实的信息披露行为。按表现形式分，还可以分成虚假陈述和延迟披露两种类型。也就是说，上市公司告诉大家不正确的信息，或者有应该披露而不披露或迟延披露的消息，都会构成违规。这里面的学问很大，我们下次再细细地讲。

目前，上市公司信息披露主要存在几方面的问题：一是信息披露公告内容可能存在重大误导；二是重大事项的关键信息存在明显遗漏；三是公司选择性披露对股价可能产生重大影响的重要信息。

小费阿姨：信息披露的违规行为会产生哪些危害呢？

小钟老师：信息披露违规行为会导致公司信息披露不完整、风险揭示不充分，对资本市场的健康、对小股民的利益损害很大。首先,不当信息披露破坏了上市公司的诚信形象,破坏投资者信心;其次,损害了广大投资者的利益,近几年因为披露虚假信息致使投资者利益受到损害的案例并不少见;最后,信息披露违规常与内幕交易息息相关,许多机构投资者和个人会利用不正当的市场披露信息来进行内幕交易或股价操纵,这当然也会严重损害小股东的利益。

小费阿姨:原来上市公司信息披露违规的危害那么大,那这些上市公司还要这样做,真该罚。

小钟老师:这其中原因还蛮多的,但是归结起来只有一个字,那就是"利"字当头,少数上市公司为此不惜铤而走险。

小费阿姨:小钟老师,其中的利益这么多,导致上市公司信息披露做得不好,可以怎么样去限制呢?

小钟老师:对于监管部门而言,强化上市公司信息披露有很多工作要做,其中包括:制定上市公司信息披露准则、不断完善上市公司治理、加大监管和处罚力度,等。关于这方面的法律法规不少,如果您想了解这方面的规定,可以关注一下孟博士解读,里面有专业的法律条文解读,希望能帮您弄明白。

孟博士解读

上市公司合法合规地进行信息披露,是保障投资者知情权的重要前提。上市公司违规信披,扰乱了证券市场的规范运行,《证券法》《刑法》《上市公司信息披露管理办法》等相关规定都对信息披露的相关内容进行了明确规定。

《证券法》第三章第三节"持续信息公开"第63条至第72条,对信息披露的质量要求、信息披露的主体、信息披露的内容等进行了规定。

拟公开发行股票、公司债券等的发行人、公司应按照《证券法》的规定对相应内容予以公告,这些内容包括招股说明书、公司债券募集办法、财务会计报告、上市报告文件、年度报告、中期报告、临时报告(重大事件)以及其他信息披露资料。《证券法》第63条规定,发行人、上市公司依法披露的信息,真实、准确、完整,不得有虚假记载、误导性陈述或者重大遗漏。第68条规定,上市公司董事、高级管理人员应当对公司定期报告签署书面确认意见。上市公司监事会应当对董事会编制的公司定期报告进行审核并提出书面审核意见。上市公司董事、监事、高级管理人员应当保证上市公司所披露的信息真实、准确、完整。

2016年证监会加强了上市公司监管，在信息披露方面进一步修订《上市公司信息披露管理办法》。《上市公司信息披露管理办法》是对上市公司及其他信息披露义务人的所有信息披露行为的总括性规范，涵盖公司发行、上市后持续信息披露的各项要求，强调了信息披露的真实、准确、完整、及时。

如果信息披露的主体违规信息披露，将受到《证券法》《刑法》等的处罚。《刑法》第161条规定了“违规披露、不披露重要信息罪”。最高人民检察院、公安部《关于公安机关管辖的刑事案件立案追诉标准的规定（二）》第6条规定了信息披露主体的九种违规信息披露行为，涉嫌其中任意一种的，应予立案追诉。

《证券法》第69条规定，发行人、上市公司公告的招股说明书、公司债券募集办法、财务会计报告、上市报告文件、年度报告、中期报告、临时报告以及其他信息披露资料，有虚假记载、误导性陈述或者重大遗漏，致使投资者在证券交易中遭受损失的，发行人、上市公司应当承担赔偿责任；发行人、上市公司的董事、监事、高级管理人员和其他直接责任人员以及保荐人、承销的证券公司，应当与发行人、上市公司承担连带赔偿责任，但是能够证明自己没有过错的除外；发行人、上市公司的控股股东、实际控制人有过错的，应当与发行人、上市公司承担连带赔偿责任。《证券法》第193条规定了信息披露主体和相关责任主体应受到的处罚。

如果投资者因相关主体的违规信息披露行为导致了投资损失，投资者的权益受到侵害，投资者可拿起法律武器进行索赔。如果投资者要起诉相关上市公司，需要提供股票对账单、身份证公证书、股东卡、相关法律文件等材料。投服中心的纠纷调解、支持诉讼等服务也可帮助投资者解决问题。

你遇到过上市公司虚假陈述吗

自从上次小钟老师讲到上市公司信息披露违规行为,小费阿姨就一直留意这方面的信息。投服中心特聘的公益律师提及的虚假陈述,并指出"证券支持诉讼是打击虚假陈述的克星"。

小费阿姨:小钟老师,有一条新闻是关于法院认定某上市公司虚假陈述成立,判决某上市公司应当向投资者赔偿损失。那么,什么是虚假陈述?

小钟老师:小费阿姨,我国《证券法》规定,发行人、上市公司依法披露的信息,应当真实、准确、完整,不得有虚假记载、误导性陈述或者重大遗漏。根据最高人民法院《关于审理证券市场因虚假陈述引发的民事赔偿案件的若干规定》,虚假陈述,是指信息披露义务人违反证券法律规定,在证券发行或者交易过程中,对重大事件作出违背事实真相的虚假记载、误导性陈述,或者在披露信息时发生重大遗漏、不正当披露信息的行为。

小费阿姨:那么,虚假陈述包括很多种?

小钟老师:对的,主要包括四种类型:虚假记载、误导性陈述、重大遗漏和不正当披露信息。

小费阿姨:每一种都是什么意思呢?

小钟老师:作为信息披露违规行为,这四种类型的虚假陈述在概念上的确不一样:虚假记载,是指信息披露义务人在披露信息时,将不存在的事实在信息披露文件中予以记载的行为,强调信息披露的不真实;误导性陈述,是指虚假陈述行为人在信息披露文件中或者通过媒体,作出使投资人对其投资行为发生错误判断并产生重大影响的陈述,强调信息披露的不准确;重大遗漏,是指信息披露义务人在信息披露文件中,未将应当记载的事项完全或者部分予以记载,强调信息披露的不完整;不正当披露,则是指信息披露义务人未在适当期限内或者未以法定方式公开披露应当披露的信息,强调信息披露的不及时、不合适。

小费阿姨:我明白了,这四种类型正好对应你刚才说到的信息披露的"真实、准确、完整、及时"这四个要求?

小钟老师:的确是这样的。只要违背了其中任意一个要求,就可能发生虚假陈述行为。

小费阿姨：哪些人可能进行虚假陈述呢？我得留意一下。

小钟老师：根据最高人民法院《关于审理证券市场因虚假陈述引发的民事赔偿案件的若干规定》，虚假陈述行为人包括：(1)发起人、控股股东等实际控制人；(2)发行人或者上市公司；(3)证券承销商；(4)证券上市推荐人；(5)会计师事务所、律师事务所、资产评估机构等专业中介服务机构；(6)上述第(2)(3)(4)项所涉单位中负有责任的董事、监事和经理等高级管理人员以及第(5)项中直接责任人；(7)其他作出虚假陈述的机构或者自然人。

小费阿姨：看来都是专业人士。中介服务机构也可能进行虚假陈述吗？

小钟老师：可能的。发行人、上市公司在其披露的招股说明书、公司债券募集办法、财务会计报告、上市报告文件、年度报告、半年报、临时报告以及其他信息披露资料中，都可能存在虚假陈述。而证券服务机构为证券的发行、上市、交易等证券业务活动制作、出具审计报告、资产评估报告、财务顾问报告、资信评级报告或者法律意见书等文件中，也可能存在虚假陈述。

小费阿姨：由此看来，以后我看这些材料的时候也得留意一下，不能稀里糊涂的。

小钟老师：虚假陈述扰乱了投资者的判断，侵害了投资者的知情权，进而影响了投资者的合法权益。要避免虚假记载这种违法行为恐怕不太可能，但是规范上市公司信息披露还是很有可能的。第一，我们可以借鉴国内外经验，提高信息披露违法的成本；第二，提升监管力度，完善中小投资者赔偿制度；第三，强化中介机构的责任，健全退市制度。如果您想了解这方面的法律规定，您可以关注下孟博士解读，里面有专业的法律条文解读，能帮您弄明白的。

孟博士解读

我国《证券法》《刑法》《上市公司信息披露管理办法》中有诸多关于信息披露的要求，此处不再重述。关于虚假陈述，最高人民法院《关于审理证券市场因虚假陈述引发的民事赔偿案件的若干规定》已于2003年2月1日起开始施行。该规定旨在正确审理证券市场因虚假陈述引发的民事赔偿案件，规范证券市场民事行为，保护投资人合法权益。该规定共37条，系统全面地规定了虚假陈述证券民事赔偿案件的概念界定、受理与管辖、诉讼方式、虚假陈述的认定、共同侵权责任、损失认定等内容。

此外，最高人民检察院、公安部2010年制定的《关于公安机关管辖的刑事案件立案追诉标准的规定(二)》,第6条详述了违规披露、不披露重要信息案涉嫌的九种情形,投资者如有需要也可以进行查阅、了解。

孟博士提醒投资者,如果遇到信息披露主体虚假陈述的行为,可以寻求投服中心的帮助,通过运用法律武器来维护自己的合法权益,投服中心将从公益角度尽最大可能提供支持,捍卫投资者的权益。

别被编造传播的虚假信息迷了眼

小费阿姨：小钟老师，上次我向您咨询虚假陈述的相关知识后我又在新闻上看到了一种编造、传播虚假信息的行为，您能为我解释一下吗？

小钟老师：编造并传播证券交易虚假信息，是指编造影响证券交易的虚假信息并进行传播，从而扰乱证券交易市场的行为。这里的信息是指能够对证券交易的价格与交易量产生影响的，与事实不相符、不真实或不全面的消息。

小费阿姨：只要传播了这些虚假信息，就属于编造并传播证券交易虚假信息行为吗？

小钟老师：严格地说，行为人必须具有编造并传播该类信息的行为。如果实质上扰乱了证券交易市场，那就构成违法；如果造成严重后果，那就构成犯罪了。

虚假信息影响了以价值投资为理念的投资判断，还影响了投资者对股票市场的信心，影响了投资者对风险的判断。更重要的是，虚假信息扰乱了股票市场的信息供给秩序，严重侵害了投资者的知情权。

小费阿姨：他们就是传说中的“黑嘴”吧！

小钟老师：没错。编造并传播证券交易虚假信息的行为人的范围比虚假陈述行为人要广很多。《证券法》中明确了三类主体：“国家工作人员”“传播媒介从业人员”“证券交易活动中的有关人员”，“有关人员”的范围就很广了，包括上市公司的董事、监事、高级管理人员、微博“大V”、利益相关人员等。

小费阿姨：看来以后看微博、微信的时候，还是要小心一点。我怎样分辨哪些是虚假信息呢？

小钟老师：这个问题的确很重要。从传播手段上看，随着互联网时代的飞速发展，微博、微信、QQ群、“股吧”等传播的信息要仔细甄别一下。从内容上看，这些信息看起来具有一定的可信度，如会有“经公司内部员工求证”之类的字眼，而且还可能结合了当时的市场热点，让投资者难以分辨。不过，从理论上讲，如果证券市场是强有效的，即使掌握了所谓的内幕信息，也无法获取非正常的收益。

小费阿姨：那打听所谓的内幕信息，也是枉然啦。我还是好好看看哪些股票具有长期的投资价值吧。

小钟老师：我们倡导理性投资、价值投资，当然具体也要看投资者自己的投资偏好和风险承受能力。对于证券市场里的违法犯罪行为,则要坚决打击。关于编造、传播虚假信息行为,您还可以再看看孟博士的解读。

孟博士解读

2017 年年初,证监会部署了 2017 年的专项执法行动,将继续严厉打击各类违法案件,其中就包括非法从事证券投资咨询活动、编造传播虚假信息等股市“黑嘴”以及中介机构丧失执业操守的行为。《刑法》《证券法》《上市公司信息披露管理办法》等都有关于编造传播虚假信息的规定。

《刑法》第 181 条对编造并传播证券、期货交易虚假信息罪及其处罚进行了规定:“编造并且传播影响证券、期货交易的虚假信息,扰乱证券、期货交易市场,造成严重后果的,处五年以下有期徒刑或者拘役,并处或者单处一万元以上十万元以下罚金。证券交易所、期货交易所、证券公司、期货经纪公司的从业人员,证券业协会、期货业协会或者证券期货监督管理部门的工作人员,故意提供虚假信息或者伪造、变造、销毁交易记录,诱骗投资者买卖证券、期货合约,造成严重后果的,处五年以下有期徒刑或者拘役,并处或者单处一万元以上十万元以下罚金;情节特别恶劣的,处五年以上十年以下有期徒刑,并处二万元以上二十万元以下罚金。单位犯前两款罪的,对单位判处罚金,并对其直接负责的主管人员和其他直接责任人员,处五年以下有期徒刑或者拘役。”

《证券法》第 78 条明确规定:“禁止国家工作人员、传播媒介从业人员和有关人员编造、传播虚假信息,扰乱证券市场。禁止证券交易所、证券公司、证券登记结算机构、证券服务机构及其从业人员,证券业协会、证券监督管理机构及其工作人员,在证券交易活动中作出虚假陈述或者信息误导。各种传播媒介传播证券市场信息必须真实、客观,禁止误导。”第 206 条和第 207 条,规定了对该类行为的处罚措施。

《上市公司信息披露管理办法》第 56 条规定:“媒体应当客观、真实地报道涉及上市公司的情况,发挥舆论监督作用。任何机构和个人不得提供、传播虚假或者误导投资者的上市公司信息。违反前两款规定,给投资者造成损失的,依法承担赔偿责任。”第 67 条规定:“任何机构和个人编制、传播虚假信息扰乱证券市场;媒体传播上市公司信息不真实、不客观的,中国证监会按照《证券法》第二百零六条处罚。在证券及其衍生品种交易活动中作出虚假陈述或者信息误导的,中国证监会按照《证券法》第二百零七条处罚。”

此外,《关于加强证券期货信息传播管理的若干规定》《会员制证券投资咨询业务管理暂行规定》《关于规范证券投资咨询机构和广播电视证券节目的通知》等,也有相关的规定,有需要的投资者朋友可以自行查阅。

误导性陈述，别被误导了

小费阿姨:小钟老师,我最近遇到了一些麻烦。前一段时间,我参加了几次 A 公司的业务交流活动,他们在宣传手册、投资者调研、“路演”中持续、有针对性地宣传 A 公司要扩大经营规模,进入一个全新的领域,预计两年内可实现利润翻番的目标,股价不久就会实现一波大涨。结果,我购买 A 公司股票后,公司并未按照之前描述的内容经营,也没有公司向新领域发展的信息,股价一路大跌,到现在已经损失了一大笔钱。

小钟老师:根据您描述的情况,您投资的 A 公司在多次与投资者进行业务交流的过程中,披露的信息与公司现实状况不符,他们对前景的描绘也缺乏事实基础,实现的可能性也存疑,对投资者具有较大误导性。这样看来,已经涉嫌构成信息披露中的“误导性陈述”。

小费阿姨:什么叫作“误导性陈述”呢?

小钟老师:误导性陈述是违法信息披露的一种形式,强调的是信息披露的“不准确”。为了对投资风险和收益做出合理的判断,进行正确的投资选择,投资者需要了解和掌握发行人、上市公司的经营状况和财务变化等有关信息,发行人、上市公司则必须通过公开法定文件承担信息披露义务,并保证信息公开达到全面性、真实性、时效性、易得性、易解性和适法性等法律标准,这是各国法律对发行人、上市公司进行规范和管理的主要制度之一。信息披露一般是通过招股说明书、上市公告书、财务会计报告、定期报告、临时报告等材料进行的。信息披露义务人在法定公开文件或者媒体宣传中,做出使投资者发生错误判断并产生重大影响的陈述,违背了以上规定,往往会对投资者权益造成侵害。

小费阿姨:那么我可以对 A 公司提起索赔吗?有没有什么要注意的地方呢?

小钟老师:首先,您已经是 A 公司的股东,那您就有申请索赔的基本资格了,但还需要同时符合这些条件:(1)是在误导性陈述行为实施日之后买入该股票;(2)在误导性行为被揭露或上市公司自行更正之前,没有将股票全部抛售;(3)在上述时间段内因投资该股票而亏损,如果您盈利了,则不能索赔;(4)是在“一级市场”“二级市场”或“证券公司代办股份转让市场”完成的买入或卖出交易,不包括大宗交易协议转让而形成的交易;(5)在上述交易中,亏损是因为受误导性陈述行为影响而产生的,如果是由于系统性风险造成的亏损则不能赔偿了。其次,最重要的一点,是要有法定的前置条件,也就是证监会或者财政部的行政处罚决定书,或者已生效人民法院刑事裁判文书,认定上市公司存在虚假陈述行为。

孟博士还专门对此的具体惩罚措施等进行了法条的分析解读,您不妨也看看吧。

孟博士解读

误导性陈述属于典型的证券信息披露违法违规行为之一,每年涉嫌误导性陈述被证监会处罚的上市公司都不在少数。《证券法》根据做出误导性陈述的行为主体,可归为以下两大类。

一、发行人、上市公司

第六十三条　发行人、上市公司依法披露的信息,必须真实、准确、完整,不得有虚假记载、误导性陈述或者重大遗漏。

第六十九条　发行人、上市公司公告的招股说明书、公司债券募集办法、财务会计报告、上市报告文件、年度报告、中期报告、临时报告以及其他信息披露资料,有虚假记载、误导性陈述或者重大遗漏,致使投资者在证券交易中遭受损失的,发行人、上市公司应当承担赔偿责任……

二、自律组织及证券服务机构

第三十一条　证券公司承销证券,应当对公开发行募集文件的真实性、准确性、完整性进行核查;发现有虚假记载、误导性陈述或者重大遗漏的,不得进行销售活动;已经销售的,必须立即停止销售活动,并采取纠正措施。

第七十八条第二款　禁止证券交易所、证券公司、证券登记结算机构、证券服务机构及其从业人员,证券业协会、证券监督管理机构及其工作人员,在证券交易活动中作出虚假陈述或者信息误导。

第一百七十一条　投资咨询机构及其从业人员从事证券服务业务不得有下列行为……

(四)利用传播媒介或者通过其他方式提供、传播虚假或者误导投资者的信息;

……

有前款所列行为之一,给投资者造成损失的,依法承担赔偿责任。

第一百七十三条 证券服务机构为证券的发行、上市、交易等证券业务活动制作、出具审计报告、资产评估报告、财务顾问报告、资信评级报告或者法律意见书等文件,应当勤勉尽责,对所依据的文件资料内容的真实性、准确性、完整性进行核查和验证。其制作、出具的文件有虚假记载、误导性陈述或者重大遗漏,给他人造成损失的,应当与发行人、上市公司承担连带赔偿责任,但是能够证明自己没有过错的除外。

此外,根据《证券法》及最高人民法院虚假陈述司法解释的规定,上市公司因虚假陈述受到证监会行政处罚,权益受损的投资者可以向有管辖权的人民法院提起民事赔偿诉讼。

二、操纵市场

操纵市场行为　严重侵害投资者合法权益

小费阿姨：我前两天看到证监会披露了沪港通跨境操纵第一案的新闻，涉案行为好像是属于操纵市场行为。小钟老师，您给我讲讲什么是操纵市场吧。

小钟老师：操纵证券市场行为，是指行为人背离市场自由竞价和供求关系原则，以各种不正当的手段，影响证券市场价格或者证券交易量，制造证券市场假象，以引诱他人参与证券交易，为自己谋取不正当利益或者转嫁风险的行为。

小费阿姨：能不能具体说说什么是各种不正当的手段呢？

小钟老师：主要分为四大类：连续交易操纵、约定交易操纵、洗售操纵和其他手段操纵，其他手段包括蛊惑交易操纵、"抢帽子"交易操纵、虚假申报操纵、特定时间的价格或价值操纵、尾市交易操纵五种手段，以及证监会认定的其他操纵证券市场的行为。

小费阿姨："抢帽子"是什么意思，是不是和字面意思差不多？

小钟老师：我一个一个为您介绍一下。(1)连续交易操纵行为，是指单独或者通过合谋，集中资金优势、持股优势或者利用信息优势联合或者连续买卖，操纵证券交易价格或者证券交易量的行为。(2)约定交易操纵行为，是指与他人串通，以事先约定的时间、价格和方式相互进行证券交易，影响证券交易价格或者证券交易量的行为。(3)洗售操纵行为，是指在自己实际控制的账户之间进行证券交易，影响证券交易价格或者证券交易量的行为。(4)蛊惑交易操纵行为，是指行为人进行证券交易时，利用不真实、不准确、不完整或不确定的重大信息，诱导投资者在不了解事实真相的情况下做出投资决定，影响证券交易价格或交易量，以便通过期待的市场波动，取得经济上的利益的行为。(5)"抢帽子"交易操纵行为，是指证券公司、证券咨询机构、专业中介机构及其工作人员，买卖或者持有相关证券，并对该证券或其发行人、上市公司公开做出评价、预测或者投资建议，以便通过期待的市场波动取得经济利益的行为。(6)虚假申报操纵行为，是指行为人做出不以成交为目的的频繁申报和撤销申报，误导其他投资者，影响证券交易价格或交易量的行为。(7)特定时间的价格或价值操纵行为，是指行为人在计算相关证券的参考价格或者结算价格或者参考价值的特定时间,通过拉抬、打压或锁定手段,影响相关证券的参考价格或者结算价格或者参考价值的行为。(8)尾市交易操纵行为,是指行为人在即将收市时,通过拉抬、打压或锁定手段,操纵证券收市价格的行为。

小费阿姨:信息量有点大,我要回去好好消化消化。这里的行为人是谁呢?

小钟老师:是操纵市场的行为人。任何人直接或间接实施操纵行为,都可以认定为操纵行为人。

小费阿姨:是不是操纵市场行为的危害特别大呢?

小钟老师:对的,操纵市场行为扭曲了市场价格形成机制,破坏了市场秩序,严重损害了投资者的合法权益。从证监会对操纵市场行为的相关行政处罚来看,罚款动辄上亿元,可见操纵市场行为的确会产生很大影响,而且影响投资者的切身利益。根据证监会稽查部门的说法,近年来,随着信息技术的发展,操纵市场行为呈现账户关联隐蔽化、操纵手法多样化、操纵期间短线化等特点,而且信息型、跨市场型、跨产品型、技术优势型操纵逐步出现。对此,证监会将坚持依法全面从严监管理念,持续加大打击力度。如果投资者持有的股票遭遇了操纵市场行为,可以拿起法律武器,维护自身的合法权益。孟博士随后会解读相关的法律规定。

孟博士解读

操纵市场行为误导和欺诈广大投资者,破坏作为证券市场基石的“三公原则”和诚实信用原则;破坏有效价格形成机制,损害资源配置功能;破坏市场竞争机制,扰乱资本市场秩序;此外,还可能引发系统性金融风险。所以,为了保护广大投资者的利益,维护证券交易公正合理地进行,必须严格禁止操纵证券市场行为。目前,我国关于禁止操纵证券市场行为的规定,主要体现在《证券法》《刑法》以及有关的部门规章中。

《证券法》第77条规定了禁止操纵市场的四种行为,操纵证券市场行为给投资者造成损失的,行为人应当依法承担赔偿责任。《证券法》第203条规定了对操纵市场行为的处罚措施:违反《证券法》规定,操纵证券市场的,责令依法处理非法持有的证券,没收违法所得,并处以违法所得1倍以上5倍以下的罚款;没有违法所得或者违法所得不足30万元的,处以30万元以上300万元以下的罚款。单位操纵证券市场的,还应当对直接负责的主管人员和其他直接责任人员给予警告,并处以10万元以上60万元以下的罚款。

《刑法》第182条规定了操纵证券、期货市场罪的界定和量刑:有操纵证券、期货市场行为的,情节严重的,处5年以下有期徒刑或者拘役,并处或者单处罚金;情节特别严重的,处5年以上10年以下有期徒刑,并处罚金。单位犯操纵证券、期货市场罪的,对单位判处罚金,并对其直接负责的主管人员和其他直接责任人员,依照前款的规定处罚。

此外,证监会专门印发了《证券市场操纵行为认定指引(试行)》,对操纵行为人的认定、操纵手段的认定、不构成操纵行为的情形、违法所得的认定等进行了详细的规定,有需要的投资者可以自行查阅。

三、内幕交易

内幕交易害处多　法律严惩不放松

小费阿姨:我浏览中国证监会官网时,看到了2016年证监稽查20大典型违法案例,其中有一类是内幕交易及利用未公开信息交易,内幕交易是什么呢?

小钟老师:内幕交易,是指证券交易内幕信息的知情人和以不正当手段获取内幕信息的其他人员违反法律、法规的规定,利用内幕信息进行证券交易的一种行为。

小费阿姨:哪些信息属于内幕信息呢?

小钟老师:在证券交易活动中,涉及公司的经营、财务或者对该公司证券的市场价格有重大影响的尚未公开的信息,为内幕信息。除了《证券法》第67条第2款所列的重大事件,还包括公司分配股利或者增资的计划,公司股权结构的重大变化,公司债务担保的重大变更,公司营业用主要资产的抵押、出售或者报废一次超过该资产的30%,公司的董事、监事、高级管理人员的行为可能依法承担重大损害赔偿责任,上市公司收购的有关方案,以及国务院证券监督管理机构认定的对证券交易价格有显著影响的其他重要信息。简单地说,就是还未公开的重要信息,有关人员是不能够利用这些信息来进行证券交易的。

小费阿姨:看来上市公司及时披露信息还是很重要的。哪些人会知道内幕信息呢?

小钟老师:证券交易内幕信息的知情人主要包括五类人员:第一类是发行人的董事、监事、高级管理人员、持有公司5%以上股份的股东及其"董监高"、公司的实际控制人及其董事、监事、高级管理人员、发行人控股的公司及其"董监高";第二类是由于所任公司职务可以获取公司有关内幕信息的人员;第三类是证券监督管理机构工作人员以及由于法定职责对证券的发行、交易进行管理的其他人员;第四类是保荐人、承销的证券公司、证券交易所、证券登记结算机构、证券服务机构的有关人员;第五类是国务院证券监督管理机构规定的其他人。

小费阿姨:看来内幕信息的知情人还是很多的。这些人如果利用内幕信息买卖股票,侵害了我们"小散户"的知情权,就会让我们产生损失。

小钟老师:对!内幕交易使证券价格和指数成为少数人利用内幕信息炒作的结

果,而不是投资大众对公司业绩综合评价的结果。内幕交易行为人为达到获取利益或避免损失的目的,利用其特殊地位或机会获取内幕信息进行证券交易,侵犯了中小投资者的平等知情权和财产权益。

小费阿姨:看来我们真得把眼睛擦亮多看看上市公司的公告。

小钟老师:除此之外,可以多关注证监会的行政处罚信息,如果涉及自己的切身利益,可以拿起法律武器,保护自己的合法权益,也可以向投服中心寻求帮助。下面还可以看看孟博士的解读,看看法律关于内幕交易有哪些规定,以便有一个更全面的了解。

孟博士解读

内幕交易使证券价格和指数的形成过程失去了时效性和客观性,违反了证券市场"公开、公平、公正"的原则,侵犯了投资公众的平等知情权和财产权益。刑法及其司法解释、证券法律法规、司法政策,以及其他法规等四类文件,对内幕交易进行了有关规定。

刑法及其司法解释:《刑法》第180条第1款规定了对内幕交易的处罚措施。最高人民检察院、公安部《关于公安机关管辖的刑事案件立案追诉标准的规定(二)》第35条对内幕交易、泄露内幕信息案进行了界定。《关于审理证券行政处罚案件证据若干问题的座谈会纪要》第5条,确定了内幕交易行为举证责任分配与转移的证据规则;证明行政当事人知悉及利用内幕信息一直是内幕交易案件认定的难点;该纪要第5条对内幕交易违法行为中"知悉"和"利用"内幕信息的认定采取了使用间接证据、环境证据推定以及证明责任转移分配的证据规则;按照该纪要规定,在推定内幕交易成立的情形下,如果当事人提出的相反证据能够排除其交易活动是利用了内幕信息,可不认定其行为构成内幕交易。最高人民法院、最高人民检察院《关于办理内幕交易、泄露内幕信息刑事案件具体应用法律若干问题的解释》对内幕交易、泄露内幕信息刑事案件具体应用法律的若干问题进行了解释,投资者朋友可以自行查阅。

证券法律法规:《证券法》第67条规定了内幕信息涉及的重大事件的情况;第73条规定,禁止证券交易内幕信息的知情人和非法获取内幕信息的人利用内幕信息从事证券交易活动;第74条规定了证券交易内幕信息的知情人包括哪些人员;第75条规定了哪些信息属于内幕信息;第76条规定了组织收购上市公司的股份的特殊情况;第202条规定了对内幕交易的处罚措施。《证券、期货投资咨询管理暂行办法》第

24条规定,证券、期货投资咨询机构及其投资咨询人员,不得从事利用咨询服务与他人合谋操纵市场或者进行内幕交易的活动。

司法政策文件:最高人民法院《关于充分发挥审判职能切实维护企业和社会稳定的通知》第3条要求"继续从严惩处各种经济犯罪,保障社会主义市场经济秩序",对内幕交易等行为坚决依法从严惩处;国务院办公厅转发的证监会、公安部、监察部、国资委、预防腐败局《关于依法打击和防控资本市场内幕交易意见的通知》,就依法打击和防控资本市场内幕交易提出了3条意见。

其他法规:《关于上市公司建立内幕信息知情人登记管理制度的规定》《上市公司信息披露管理办法》《上市公司重大资产重组管理办法》等,有需要的投资者朋友可以自行查阅。

四、其他交易违规

关联交易是怎么回事

冯小哥：小钟老师，我查看上市公司公告时，经常看到“关联交易”这个词，您能跟我讲讲关联交易是怎么回事吗？

小钟老师：通俗地讲，关联交易就是上市公司与关联方之间的交易。具体来说，关联方可以是控股股东、控股股东的下属公司、主要投资人、“董监高”或与其关系密切的家庭成员等。虽然有些关联交易可以为上市公司的经营提供一定的便利，但由于上市公司与关联方之间存在密切关系，出于私利考虑，可能导致上市公司在关联交易中“吃亏”，使上市公司和中小股东的权益受损。

冯小哥：那么有哪些关联交易会侵害中小股东的权益呢？又该如何分辨呢？

小钟老师：上市公司关联方通过不正当的关联交易侵吞上市公司财产的方法很多。比如，有的关联方将上市公司优质资产低价售卖给自己的关联公司，或将自己的关联劣质资产高价卖给上市公司，侵害上市公司和其他股东利益；有的以借款等方式占用上市公司资金，有些控股股东不讲诚信，利用对公司的控制权从上市公司“掏钱”，甚至把上市公司掏成空壳；还有的利用上市公司财产为其债务作担保，实际上将其债务风险转嫁给上市公司，上市公司因担保问题引发的资产受损乃至破产都屡见不鲜。我们中小股东分辨关联交易的性质，一是要关注交易的定价方法，是协议价还是市场价；二是要关注交易价格是否合理，如果有必要要研究有关资产的审计报告或评估报告；三是要关注关联交易的必要性，对于没有必要的关联交易要多加关注；四是要关注通过并购重组等方法可以消除但控股股东不希望消除的关联交易，这往往潜在巨大的利益输送。

冯小哥：如果发现上市公司的关联交易有问题，中小股东该如何维护自己的权益呢？

小钟老师：面对不正当的关联交易，中小股东一定要充分行使自己的权利，维护自己的权益。一是行使质询权，中小股东可以在股东大会上对董事、监事和高级管理人员提出质询，要求其对关联交易的合理性作出说明，并可以要求董事会对关联交易的决策程序、决策依据、定价准则等内容作出说明；二是行使投票权，对于须由股东大会表决通过的关联交易事项,中小股东在认为交易价格不合理的情况下可以投反对票;三是通过独立董事表达意愿或发表质询,重大关联交易在董事会讨论之前,要求独立董事必须对交易的必要性和价格的合理性进行事前认可,中小股东可以通过独立董事将自己的意见表达出来;四是通过法律手段维权,如果中小股东认为或有证据表明关联交易已经损害了股东的利益,可以向有管辖权的人民法院起诉。

冯小哥:嗯,我明白了。看来我们中小股东要多多关注关联交易,保护好自己的权益。

孟博士解读

我们先来看一下《公司法》与关联交易有关的规定。

第二十一条 公司的控股股东、实际控制人、董事、监事、高级管理人员不得利用其关联关系损害公司利益。

违反前款规定,给公司造成损失的,应当承担赔偿责任。

第二百一十六条 ……(四)关联关系,是指公司控股股东、实际控制人、董事、监事、高级管理人员与其直接或者间接控制的企业之间的关系,以及可能导致公司利益转移的其他关系。但是,国家控股的企业之间不仅因为同受国家控股而具有关联关系。

让我们再来看一下证监会发布的《上市公司治理准则》第一章第三节“关联交易”中的有关规定。

第十二条 上市公司与关联人之间的关联交易应签订书面协议。协议的签订应当遵循平等、自愿、等价、有偿的原则,协议内容应明确、具体。公司应将该协议的订立、变更、终止及履行情况等事项按照有关规定予以披露。

第十三条 上市公司应采取有效措施防止关联人以垄断采购和销售业务渠道等方式干预公司的经营,损害公司利益。关联交易活动应遵循商业原则,关联交易的价格原则上应不偏离市场独立第三方的价格或收费的标准。公司应对关联交易的定价依据予以充分披露。

第十四条 上市公司的资产属于公司所有。上市公司应采取有效措施防止股东及其关联方以各种形式占用或转移公司的资金、资产及其他资源。上市公司不得为股东及其关联方提供担保。

“短线交易”侵害投资者利益

小费阿姨：我上次看证监会对内幕交易案的行政处罚时，有些内幕交易案还夹杂着短线交易，那么短线交易又是什么呢？

小钟老师：2017 年证监会依然贯彻依法全面从严监管的思路，加强对各种违法违规行为的监管，包括内幕交易、短线交易等。这里的短线交易不是期货市场的短线交易，而是指上市公司的董事、监事、高级管理人员及大股东，在法定期间内，对公司上市股票买入后再行卖出或卖出后再行买入，以谋取不正当利益的行为。

小费阿姨：这里的大股东是什么概念呢？

小钟老师：是指上市公司的控股股东和持有股份 5% 以上的股东。

小费阿姨：那“法定期间”又是什么概念呢？

小钟老师：这就要有所区分了，不同情况下有不同的规定，有的是 6 个月内，有的是 2 日内，有的是 3 日内。

小费阿姨：大股东持有的上市公司的股票，不也是自己的合法财产吗？为什么不能卖掉持有的股票呢？

小钟老师：其实我国法律并不禁止上市公司大股东及董事、监事、高级管理人员减持，大股东减持也是正常行为，但如果涉及超比例减持未披露、违反承诺减持、短线交易等行为，就构成违规减持。

小费阿姨：原来是这样，未披露相关信息也是侵犯投资者的知情权喽？

小钟老师：正是如此，违规减持伤害了市场情绪，尤其是当股市大幅波动的时候，将加剧市场的看空情绪。如果是大股东或董事、监事、高级管理人员利用职务之便故意抬高股价后减持，以谋取利益的情况，还涉及内幕交易、操纵市场等违法违规行为，侵害的就不只是投资者的知情权了。

小费阿姨：投资者收益也受到影响了，看来真的是关系投资者的切身利益，我们要经常看看上市公司的公告，包括大股东变动等，多留意一下了。

小钟老师：没错，只有投资者自己加强了认识，才能及时发现董事、监事、高级管理人员或大股东的违规行为，并把发现的线索反馈给投服中心等相关单位，我们也将履行持股行权等义务，通过纠纷调解、证券支持诉讼等手段，切实保护投资者的合法权益。下面就看看法律法规对短线交易和违规减持有哪些规定吧。

孟博士解读

《证券法》第38条规定,依法发行的股票、公司债券及其他证券,法律对其转让期限有限制性规定的,在限定的期限内不得买卖。

《证券法》第47条规定,上市公司董事、监事、高级管理人员、持有上市公司股份5%以上的股东,将其持有的该公司的股票在买入后6个月内卖出,或者在卖出后6个月内又买入,由此所得收益归该公司所有,公司董事会应当收回其所得收益。但是,证券公司因包销购入售后剩余股票而持有5%以上股份的,卖出该股票不受6个月时间限制。公司董事会不按照前款规定执行的,股东有权要求董事会在30日内执行。公司董事会未在上述期限内执行的,股东有权为了公司的利益以自己的名义直接向人民法院提起诉讼。公司董事会不按照第1款的规定执行的,负有责任的董事依法承担连带责任。

《证券法》第47条规定,赋予了投资者代位诉讼的权利,如果投资者遭遇了上市公司大股东或"董监高"违规减持行为,又有诉讼需求的时候,可以向投服中心寻求支持诉讼的服务。不过对该条规定有不同的认识,如交易主体是"名义持有"还是"实际持有"等认定方面、交易客体的界定方面、买卖行为的界定及豁免方面、所得收益计算方面未明确规定,还需要在司法完善过程中予以明确。

《证券法》第67条第8项规定,当发现下述情况,投资者尚未得知时,上市公司应当立即将有关该重大事件的情况向国务院证券监督管理机构和证券交易所报送临时报告,并予公告,说明事件的起因、目前的状态和可能产生的法律后果:持有公司5%以上股份的股东或者实际控制人,其持有股份或者控制公司的情况发生较大变化。

《证券法》第86条规定,通过证券交易所的证券交易,投资者持有或者通过协议、其他安排与他人共同持有一个上市公司已发行的股份达到5%时,应当在该事实发生之日起3日内,向国务院证券监督管理机构、证券交易所作出书面报告,通知该上市公司,并予公告;在上述期限内,不得再行买卖该上市公司的股票。投资者持有或者通过协议、其他安排与他人共同持有一个上市公司已发行的股份达到5%后,其所持该上市公司已发行的股份比例每增加或者减少5%,应当依照前款规定进行报告和公告。在报告期限内和作出报告、公告后2日内,不得再行买卖该上市公司的股票。

《证券法》第195条规定,上市公司的董事、监事、高级管理人员、持有上市公司股份5%以上的股东,违反第47条的规定买卖本公司股票的,给予警告,可以并处3万元以上10万元以下的罚款。

除《证券法》外，证监会还发布了《上市公司大股东、董监高减持股份的若干规定》(证监会公告〔2016〕1号，2016年1月9日起施行)，共18条，对规范大股东和“董监高”的减持股份行为进行了详细规定，有需要的投资者可以自行查阅。

第二章

行权小贴士

Handbook on Interests and Rights of Investors

第一节　行权知识介绍

什么是投资者说明会

冯小哥：小钟老师，我在网上看重组媒体说明会时，常常看到很多上市公司召开各种投资者说明会的消息。我和我爸讨论时，他说您之前讲解过关于现金分红的投资者说明会。今天您具体讲讲投资者说明会吧。

小钟老师：没问题。投资者说明会和重组媒体说明会一样，都是为了满足广大投资者的知情权而召开的。中小股东平常难以公司实地考察、访问，更难接触公司的高层。而投资者说明会正是给了股东和上市公司高层近距离接触的机会。股东可以通过投资者说明会，向高层提出自己的各种疑问和建议；上市公司则需要做出相应的说明和回答，使广大中小股东了解有关情况。根据投资者说明会的内容，还可以具体分为业绩说明会、现金分红说明会、风险说明会、重大事项说明等。

冯小哥：我明白了，看来投资者说明会是中小股东了解上市公司的一个很好的渠道。上市公司发生大事时，我们可以在说明会上直接提问，就不用自己瞎猜了。

小钟老师：没错！在说明会上，股东可能会接触上市公司董事会秘书、财务负责人、董事长、总经理等相关人员，得到直接的回答。我们可以通过现场、网络、电话等方式参与投资者说明会。上市公司会事先发布公告，预告说明会的具体事项。像您之前看到的很多说明会，都是以网络形式召开的，投资者可以在规定时间内，在指定网站对上市公司发问并得到实时回复。如果上市公司召开说明会时，未以网络形式向投资者实时公开的，需要如实地向投资者披露说明会的召开情况。

冯小哥：这个好呀，我平时特别想听上市公司的高管讲讲公司的事情，这下我得多关注。

小钟老师:好呀,我请孟博士再介绍下有关法律法规,让您学个明白。

孟博士解读

上海证券交易所在《关于推进上市公司召开投资者说明会工作的通知》中规定:

"本所鼓励上市公司根据自身情况,自愿召开业绩说明会、现金分红说明会、风险说明会、重大事项说明会或者开展其他有利于加强与投资者沟通的交流活动。"

"参与投资者说明会的上市公司人员至少应当包括公司董事会秘书和财务负责人,本所鼓励公司董事长、总经理等高级管理人员以及其他具体工作的负责人出席会议。"

"上市公司应当邀请投资者通过现场、网络、电话等方式参与投资者说明会,并在投资者说明会召开前以及召开期间为投资者开通提问渠道。上市公司应当在说明会上对投资者较为关注的问题予以答复。"

上海证券交易所在《关于进一步加强上市公司投资者关系管理工作的通知》中规定:

第八条 上市公司相关重大事项受到市场高度关注或质疑的,除应当按照上市规则及时履行信息披露义务外,还应当通过现场、网络或其他方式召开说明会,介绍情况、解释原因,并回答相关问题。上市公司董事长、总经理、董事会秘书、财务总监或其他责任人应当参加说明会。

《深圳证券交易所中小企业板上市公司规范运作指引》(2015年修订)、《深圳证券交易所创业板上市公司规范运作指引》(2015年修订)中规定:

"上市公司应当加强与中小投资者的沟通和交流,建立和投资者沟通的有效渠道,定期与投资者见面。公司应当在年度报告披露后十个交易日内举行年度报告说明会,公司董事长(或者总经理)、财务负责人、独立董事(至少一名)、董事会秘书、保荐代表人(至少一名)应当出席说明会……"

"本所鼓励上市公司通过召开新闻发布会、投资者恳谈会、网上说明会等方式,帮助更多投资者及时全面地了解公司已公开的重大信息。"

什么是重大资产重组

冯大爷：小钟老师，最近跟我买同一只股票的股民都在说公司要进行重大资产重组了，听小冯说你们经常参加什么重大资产重组媒体说明会，能给我讲讲重大资产重组是怎么回事吗？

小钟老师：重大资产重组，是指上市公司及其控股或者控制的公司在日常经营活动之外购买、出售资产或者通过其他方式进行资产交易达到规定的比例，导致上市公司的主营业务、资产、收入发生重大变化的资产交易行为。上市公司如果发生重大资产重组，往往会对股价产生重大影响。这是因为，经过重大资产重组的公司，公司基本面往往发生重大改变，甚至有脱胎换骨的可能。所以，投资者一定要对重大资产重组行为有所了解。

冯大爷：那么，有哪些交易是重大资产重组呢？

小钟老师：证监会 2016 年 9 月修订的《上市公司重大资产重组管理办法》从资产总额、营业收入、资产净额等方面对重大资产重组的标准作了明确规定，达到下列标准之一的构成重大资产重组：一是购买、出售的资产总额占上市公司最近 1 个会计年度经审计的合并财务会计报告期末资产总额的比例达到 50% 以上；二是购买、出售的资产在最近一个会计年度所产生的营业收入占上市公司同期经审计的合并财务会计报告营业收入的比例达到 50% 以上；三是购买、出售的资产净额占上市公司最近一个会计年度经审计的合并财务会计报告期末净资产额的比例达到 50% 以上，且超过 5000 万元人民币。

冯大爷：在上市公司重大资产重组时，我们中小股东有哪些权利？

小钟老师：上市公司进行重大资产重组，应当由董事会作出决议后提交股东大会批准，股东大会审议时必须经出席股东所持表决权的 2/3 以上通过。如果资产重组为关联交易，那么关联股东还需要回避。如果交易所召开重大资产重组媒体说明会，中小股东可以提前在网络平台上向上市公司及相关方发问。

冯大爷：股东大会审议通过后，重组是不是就通过了？

小钟老师：不是的，有的上市公司在重大资产重组后，主营业务将会发生重大改变甚至完全改变，有的连行业也改变了，几乎类同新公司。在这种情况下，还需要向证监会提出申请，下面我们让孟博士讲解下具体的法律规定。

孟博士解读

我们来看一下《上市公司重大资产重组管理办法》(2016年修订)的相关规定。

第十三条第一款 上市公司自控制权发生变更之日起60个月内,向收购人及其关联人购买资产,导致上市公司发生以下根本变化情形之一的,构成重大资产重组,应当按照本办法的规定报经中国证监会核准:

(一)购买的资产总额占上市公司控制权发生变更的前一个会计年度经审计的合并财务会计报告期末资产总额的比例达到100%以上;

(二)购买的资产在最近一个会计年度所产生的营业收入占上市公司控制权发生变更的前一个会计年度经审计的合并财务会计报告营业收入的比例达到100%以上;

(三)购买的资产在最近一个会计年度所产生的净利润占上市公司控制权发生变更的前一个会计年度经审计的合并财务会计报告净利润的比例达到100%以上;

(四)购买的资产净额占上市公司控制权发生变更的前一个会计年度经审计的合并财务会计报告期末净资产额的比例达到100%以上;

(五)为购买资产发行的股份占上市公司首次向收购人及其关联人购买资产的董事会决议前一个交易日的股份的比例达到100%以上;

(六)上市公司向收购人及其关联人购买资产虽未达到本款第(一)至第(五)项标准,但可能导致上市公司主营业务发生根本变化;

(七)中国证监会认定的可能导致上市公司发生根本变化的其他情形。

第二十五条 上市公司应当在股东大会作出重大资产重组决议后的次一工作日公告该决议,以及律师事务所对本次会议的召集程序、召集人和出席人员的资格、表决程序以及表决结果等事项出具的法律意见书。

属于本办法第十三条规定的交易情形的,上市公司还应当按照中国证监会的规定,委托独立财务顾问在作出决议后3个工作日内向中国证监会提出申请。

第二十七条 中国证监会依照法定条件和程序,对上市公司属于本办法第十三条规定情形的交易申请作出予以核准或者不予核准的决定。

第二十九条 上市公司重大资产重组属于本办法第十三条规定的交易情形的,应当提交并购重组委审核。

第四十七条 上市公司申请发行股份购买资产,应当提交并购重组委审核。

什么是重大资产重组媒体说明会

冯小哥:小钟老师,最近投服中心是参加什么说明会了吗?

小钟老师:是呀,投服中心行权事务部的同事经常参加重大资产重组媒体说明会,还参与了发言。

冯小哥:什么是重组媒体说明会呢?

小钟老师:2016 年 6 月 17 日,《上市公司重大资产重组管理办法(修订稿)》对外公开征求意见。依据新规,上市公司重组交易构成重组上市即借壳上市的,公司应当召开媒体说明会。对于未构成重组上市的重大资产重组,证监会或证券交易所可以根据需要,要求公司召开媒体说明会。媒体说明会应当包括重组上市交易各方陈述、媒体现场提问及现场答复问题等环节。上市公司现控股股东、实际控制人、董事会、董事、监事、高级管理人员、重组方、中介机构等相关各方都要参会,回应市场关注,充分接受市场监督。相关人员应当在媒体说明会上说明本次重组上市交易的必要性、交易定价原则、标的资产的估值合理性、标的资产的行业状况、生产经营情况、未来发展规划、业绩承诺等有关事项。

冯小哥:这样好呀,中小股东也能参加说明会吗?

小钟老师:能够现场出席会议的包括证监会指定信息披露媒体,投服中心代表、依法持有国家新闻出版广电总局核发新闻记者证的新闻记者、证券分析师。虽然中小投资者不能现场参会,但是可以通过网络平台参与提问,上市公司会及时整理汇总媒体和投资者关注的问题,并在媒体说明会时予以统一答复。会议全程网络直播,投资者可以通过上市公司公告的网站观看。

冯小哥:明白啦!我回去和我爸讲讲,以后多关注重大资产重组媒体说明会。

小钟老师:好呀,接下来孟博士会向您详细解读重大资产重组媒体说明会有关法律法规。

孟博士解读

下面让我们来了解下重大资产重组媒体说明会有关法律法规。

《上海证券交易所上市公司重组上市媒体说明会指引》规定:

第二条　按照中国证监会有关重大资产重组管理规定,上市公司重组交易构成重组上市的,公司应当召开媒体说明会。

对于未构成重组上市的重大资产重组,中国证监会或上海证券交易所(以下简称本所)可以根据需要,要求公司召开媒体说明会。

第三条 上市公司、重组上市交易对方、中介机构等相关方及人员应当在媒体说明会上全面、充分地回应市场关注和质疑的问题。

第七条 上市公司应当在媒体说明会前,通过“上证 e 互动”网络平台访谈栏目等渠道进行问题收集,及时整理汇总媒体和投资者关注的问题,并在媒体说明会时予以统一答复。

第八条 下列人员应当出席媒体说明会:

(一)上市公司相关人员,包括实际控制人、上市公司主要董事、独立董事、监事、总经理、董事会秘书及财务负责人等;

(二)标的资产相关人员,包括实际控制人、主要董事、总经理及财务负责人等;

(三)中介机构相关人员,包括财务顾问、会计师事务所、律师事务所和评估机构等的主办人员和签字人员等;

(四)停牌前 6 个月及停牌期间取得标的资产股权的个人或机构负责人。

公司或标的资产相关方认为有必要的,可以邀请相关行业专家、证券分析师等参会。

第九条 上市公司应当邀请中国证监会指定信息披露媒体出席会议,并确保邀请出席会议的指定媒体不少于三家。

中证中小投资者服务中心有限责任公司代表、依法持有国家新闻出版广电总局核发新闻记者证的新闻记者、证券分析师可以出席会议。

第十条 上市公司应当在本所交易大厅或本所认可的其他地点召开媒体说明会。本指引第八条所列参会人员应当全程参加。

公司应当通过上证路演中心等网络媒体直播媒体说明会。

深圳证券交易所《主板信息披露业务备忘录第 10 号:重大资产重组媒体说明会》规定:

第一条 上市公司的重大资产重组项目涉及以下情形之一的,应当召开媒体说明会:

(一)重大资产重组属于《上市公司重大资产重组管理办法》第十三条规定的交

易情形的(以下简称“重组上市”);

(二)涉嫌规避重组上市监管要求的;

(三)受到重大媒体质疑、投诉举报的;

(四)中国证监会及其派出机构和本所认为有必要的其他情形。

上市公司发现前款第(三)项情形的,应当主动、及时向本所报告。

第二条　上市公司召开媒体说明会应有不少于3家中国证监会指定信息披露媒体参加。上市公司应在本所召开媒体说明会。

第四条　媒体说明会的参会人员应包括上市公司的现控股股东、实际控制人,上市公司主要董事、监事及高级管理人员,拟新进入的控股股东、实际控制人(如有)和其他主要交易对方代表,重组标的主要董事和高级管理人员,以及中介机构代表。

深圳证券交易所《创业板信息披露业务备忘录第23号:重大资产重组媒体说明会》《中小企业板信息披露业务备忘录第15号:重大资产重组媒体说明会》也作了相关规定。

以 ST 慧球为例，投资者如何参加网络投票

冯大爷急匆匆来找小钟老师。

冯大爷:小钟老师,我投资的一家上市公司要开股东大会啦！网上都说这次大会有个很重要的议案,我也想参与投票,可是我从没投过,怎么办呢?

小钟老师:看来您已经有了股东权利意识了,这非常好！股东大会是体现我们全体股东意志的会议,中小股东就应该积极行使权利来表达自己的看法。参加股东大会有两种方式,前往现场参加或在网络上投票,表决效果是一样的。

冯大爷:上市公司太远,我就不去现场了,网络投票怎么投?

小钟老师:您可以在券商交易软件投票,也可以在交易所提供的网络投票平台投票,下面请孟博士为您详细解读。

孟博士解读

12 月 22 日 ST 慧球(股票代码:600556)召开 2016 年第三次临时股东大会,投服中心倡议全体股东通过网络投票、现场参会等方式,对 4 项议案投赞成票,维护自身合法权益。我们就以 ST 慧球为例,讲一下如何运用网络投票的方式参加股东大会。

一、投票资格

根据规则,只有在股权登记日持股的股东才能进行投票。ST 慧球本次临时股东大会的股权登记日为 12 月 13 日,投资者投票前应核实投票使用的股东卡号在股权登记日是否已持股。

二、网络投票流程

ST 慧球为上海证券交易所上市的股票,上海证券交易所网络投票系统包括交易系统投票平台、互联网投票平台。(深圳证券交易所上市的股票可使用深圳证券交易所网络投票系统,操作类似。中国结算对沪深两市上市公司也提供网络投票系统。)

(一)交易系统投票平台

沪市主板上市公司股东通过上海证券交易所交易系统投票平台投票的,可以通过股东账户登录其指定交易的证券公司交易终端,参加网络投票。通过上海证券交

易所交易系统投票平台进行网络投票的时间为股东大会召开当日的上海证券交易所交易时间段。

参与 ST 慧球投票的投资者可在 2016 年 12 月 22 日交易时间段登录本人开户的证券公司交易软件，点击菜单目录下“网络投票”选项，在右侧列表里找到《广西慧球科技股份有限公司 2016 年第三次临时股东大会》，点击“投票”，进入议案列表界面，请在各个议案后的选项中选择“同意”、“反对”或者“弃权”，全部选择完毕后请点击“投票结果提交”，在提示窗中点击“确定”完成网络投票。由于大部分手机端交易软件不支持网络投票功能，请尽量选择 PC 端交易软件进行投票。

由于各证券公司交易终端的网络投票操作要求不尽相同，建议投资者提前登录指定交易的证券公司交易终端查阅并咨询证券公司具体网络投票的操作流程。

（二）互联网投票平台

ST 慧球股东通过上海证券交易所互联网投票平台投票的，可以登录上海证券交易所的互联网投票平台（vote. sseinfo. com），并在办理股东身份认证后，参加网络投票。通过上海证券交易所互联网投票平台进行网络投票的时间为股东大会召开当日（12 月 22 日）的 9：15～15：00。

1. 登录互联网投票平台：vote. sseinfo. com

2. 注册上证服务通行证

投资者必须拥有上证服务通行证，才能登录股东大会互联网投票平台。如果没有上证服务通行证，可以点击“注册”。

3. 绑定投票股东卡号

投资者必须在上证服务通行证下绑定投票股东卡号，才能通过该平台投票。如果还没有绑定股东卡号，可以在登录后点击“绑定股东卡号”，进入绑定操作。

4. 选择股东大会进行投票

（1）选择股东大会

投资者可以通过网站首页的“今日投票”栏目，或者通过“会议列表”栏目查找进入要投票的会议详情。还可以在首页输入公司代码、简称，搜索会议。

（2）选择投票股份类别

在会议详情界面上，点击“我要投票”，进入投票股份类别选择页面。

按照股东类型及优先股品种，选择“A 股股东、B 股股东、优先股股东、恢复表决权的优先股股东”，分别进入对应的投票界面投票。

(3)填写表决意见,提交投票

先选择投票股东卡号,并确保该股东卡号持有投票股份,否则投票可能作废。

投资者确认股东卡号为本人持有。不可盗用他人股东卡号投票。

5. 查询投票结果

股东大会现场投票结束后第二天,股东可通过互联网投票平台网站(网址:vote.sseinfo.com)并按该网站规定的方法查询自己的有效投票结果。

短线交易归入权

冯大爷：小钟老师，我来找您咨询了。

小钟老师：哟，冯大爷您今天怎么没什么精神呀？出什么事啦？

冯大爷：唉，我买的股票这两天又踩了“地雷”了。有个董事因为短线交易被证监会处罚了，我正琢磨董事卖自己的股票怎么就被罚了呢？中小股东是不是又吃亏了呀？

小钟老师：短线交易，是指上市公司的董事、监事、高级管理人员及大股东，在法定期间内，对上市公司股票买入后再行卖出或卖出后再行买入，以谋取不正当利益的行为。虽然卖自己的股票看起来合情合理，但因为上市公司董事、监事、高级管理人员及大股东有信息优势，可能利用其内幕信息获得收益，从而损害其他股东的利益，所以需要防范这种行为。

冯大爷：那么遇到这种情况，中小股东的利益如何保护呢？

小钟老师：法律上通过要求短线交易人员返还非法所得来阻止董事、监事、高级管理人员及大股东滥用公司内幕信息进行交易，从而保护股东利益。我国《证券法》第47条规定，上市公司董事、监事、高级管理人员、持有上市公司股份5%以上的股东，将其持有的该公司的股票在买入后6个月内卖出，或者在卖出后6个月内又买入，由此所得收益归该公司所有。由于目的在于事前防范，因此不管短线交易人员在实际的交易中是否利用了内幕信息，都需要返还收益。这也就是我们所说的短线交易归入权。

冯大爷：那么这个权利与中小股东有何关系呢？

小钟老师：短线交易归入权主要由董事会和股东行使。当上市公司董事、监事、高级管理人员及大股东发生短线交易行为后，董事会应当首先对其收益进行归入。但由于短线交易主体可能与董事会存在密切的联系，董事会可能会为保护部分个人利益而不去行使归入权，这时就需要有其他的主体代其行使这项权利，而股东行使归入权就是对董事会行使归入权的补充。若公司董事会没有依法积极行使归入权，股东即有权提醒董事会在30日内行使该权利。如果公司董事会在30日内仍然没有执行该权利，股东就享有了以自己的名义直接向人民法院起诉的权利，使公司收回短线交易所得，通过保护公司的利益来保护股东利益。对于相关的法律知识，我们再请孟博士来解读,让您彻底弄懂短线交易归入权。

孟博士解读

《证券法》第47条规定:“上市公司董事、监事、高级管理人员、持有上市公司股份百分之五以上的股东,将其持有的该公司的股票在买入后六个月内卖出,或者在卖出后六个月内又买入,由此所得收益归该公司所有,公司董事会应当收回其所得收益。但是,证券公司因包销购入售后剩余股票而持有百分之五以上股份的,卖出该股票不受六个月时间限制。

公司董事会不按照前款规定执行的,股东有权要求董事会在三十日内执行。公司董事会未在上述期限内执行的,股东有权为了公司的利益以自己的名义直接向人民法院提起诉讼。

公司董事会不按照第一款的规定执行的,负有责任的董事依法承担连带责任。”

对于这条我来做一下详细解读。首先,关于收益归入公司,持股达5%以后的6个月内买卖倘若有收益,则必须无条件归公司所有;如果买卖没有收益,就谈不上收益归公司了。其次,关于6个月如何起算,“买入后六个月内卖出”“卖出后六个月内又买入”是指最后一笔买入、卖出时点起算6个月内卖出或买入。

此外,《证券法》第195条对短线交易的行政责任作了明确的规定:“上市公司的董事、监事、高级管理人员、持有上市公司股份百分之五以上的股东,违反本法第四十七条的规定买卖本公司股票的,给予警告,可以并处三万元以上十万元以下的罚款。”

如何读懂上市公司章程

冯大爷：小钟老师，我学习权益知识这么久了，能不能跟我讲讲公司章程的知识呢？

小钟老师：公司章程，是指公司依法制定的、规定公司名称、住所、经营范围、经营管理制度等重大事项的基本文件，规定了公司组织及活动基本规则。公司章程是股东共同一致的意思表示，相当于公司的宪章。很多中小股东对公司章程并不是很在意，但公司章程作为公司组织与行为的基本准则，对公司的成立及运营具有十分重要的意义，我们也应多多关注。

冯大爷：公司章程都有什么内容呢？

小钟老师：依据我国《公司法》的规定，公司章程记载的事项包括公司基本情况、发起人情况、股东的权利和义务、董事会及监事会的相关规定、利润分配办法、解散与清算规定、股东大会相关规定等。

冯大爷：这么多事项呀，那我应该关注哪些内容呢？

小钟老师：作为中小股东，我们可以重点关注一下股东权利、股东大会、利润分配等方面的规定。我们说公司章程是股东集体意志的体现，它规定了股东、董事、监事、高级管理人员的权利与义务，那我就要考考您啦，您还记得我们讲过哪些股东权利吗？

冯大爷：记得，您讲过利润分配、表决、质询、建议、查阅、剩余财产分配等很多股东权利。

小钟老师：我们讲过的这些权利，其实在公司章程中都有提及。此外，公司章程对提案、诉讼等股东权利也都有所规定。至于股东大会和利润分配方面，这两点我们以前也有讲过，您还记得吗？

冯大爷：我记得您说过，判断上市公司的利润分配是否合理，可以对照他们的公司章程，查看公司具体分红政策。

小钟老师：没错，公司章程对公司的利润分配政策、形式、期间间隔、具体条件等方面都作了规定。我们可以对这些条款进行关注，维护我们的利润分配权。那么股东大会的知识点您还记得吗？

冯大爷：我们中小股东有参加股东大会的权利，在股东大会上可以行使表决、质询、建议等股东权利,就算不能参加现场会议,我们也可以通过网络投票方式参加股东大会。此外您还讲过单独计票、征集投票权、累积投票制等知识。

小钟老师:不错呀,冯大爷,您都可以当老师了!我们以前讲过的这些股东大会召集、参会、表决等详细规定,都可以在公司章程中找到。不过有些上市公司会利用公司章程作出一些侵犯股东权利的规定,我们要特别留意。比如,有的公司对征集投票权的股东提出最低持股比例限制,有的公司提高享有提案权的股东的最低持股比例等。

冯大爷:对这种公司章程中侵犯中小股东权利的条款,我们应该怎么办呢?

小钟老师:公司章程的修订需要股东大会特别决议表决,即需要出席股东大会的股东所持表决权的2/3 以上通过。遇到上市公司想要在公司章程中增加侵犯中小股东权益的条款时,股东应积极投出反对票。而对于已经通过股东大会却违法违规的侵权条款,股东可以行使质询、建议权要求其修改,或者提出股东大会决议撤销或无效诉讼。下面我们请孟博士讲解下有关公司章程的法律法规,做进一步了解。

孟博士解读

让我们来看一下《公司法》中对上市公司公司章程的有关规定。

第十一条 设立公司必须依法制定公司章程。公司章程对公司、股东、董事、监事、高级管理人员具有约束力。

第八十一条 股份有限公司章程应当载明下列事项:

(一)公司名称和住所;(二)公司经营范围;(三)公司设立方式;(四)公司股份总数、每股金额和注册资本;(五)发起人的姓名或者名称、认购的股份数、出资方式和出资时间;(六)董事会的组成、职权和议事规则;(七)公司法定代表人;(八)监事会的组成、职权和议事规则;(九)公司利润分配办法;(十)公司的解散事由与清算办法;(十一)公司的通知和公告办法;(十二)股东大会会议认为需要规定的其他事项。

第一百零三条第二款 股东大会作出决议,必须经出席会议的股东所持表决权过半数通过。但是,股东大会作出修改公司章程、增加或者减少注册资本的决议,以及公司合并、分立、解散或者变更公司形式的决议,必须经出席会议的股东所持表决权的三分之二以上通过。

小钟老师教你读年报（一）

冯大爷：小钟老师，我最近发现许多上市公司发布了年报，长篇大论看得我一头雾水。到底什么是年报呀？重要吗？怎么看呢？

小钟老师：咱们介绍过，投资者享有知情权，您还记得吗？

冯大爷：记得！上市公司需要通过信息披露来满足投资者知情权。

小钟老师：没错。上市公司披露的信息包括上市公司基本情况、上市文件、临时报告、定期报告等。其中的定期报告包括年度报告、中期报告和季度报告。年度报告就是我们说的年报啦，它是上市公司针对所有股东的年终工作汇报，也是投资者获取公司整体经营情况的主要途径之一。一般而言，上市公司年报披露包含的基本格式相同。根据《公开发行证券的公司信息披露内容与格式准则第 2 号——年度报告的内容与格式》(2016 年修订)的规定，年报的正文内容包括重要提示、公司简介和主要财务指标、公司业务概要、经营情况讨论与分析、重要事项、股本变动及股东情况、优先股相关情况、董事监事和高级管理人员和员工情况、公司治理、公司债券相关情况、财务报告、备查文件目录 12 个部分。上市公司应当在每个会计年度结束之日起 4 个月内，也就是 1 ~ 4 月，编制完成并披露。

冯大爷：这么多内容啊，我年纪大了，读一遍怕是很困难呀……

小钟老师：没关系，为了方便大家阅读，上市公司还会披露年度报告摘要，即年报的简化版，可以让投资者快速了解年报的关键信息，对公司情况有一个完整印象。若需要进一步了解，再阅读年报全文。

冯大爷：这个不错！我回去查查看。对了，小钟老师，有什么方式可以查到上市公司披露年报的时间吗？好多公司都发了年报，但我买的公司却迟迟没动静，等得我干着急。

小钟老师：上市公司在披露年报之前都要与交易所预约披露时间。您可以通过上海证券交易所网站首页的“定期报告预约披露”栏目、深圳证券交易所网站首页的“上市公司定期报告预约披露时间表”栏目，查询上市公司披露年报的时间。一般来说，只有少数公司会变动预约时间，如果出现变动，证券交易所网站会马上更新预约时间。此外，除《年度报告》《年度报告摘要》，上市公司还会披露《年度董事会报告》《年度监事会报告》《年度审计报告》等一系列报告。

冯大爷:这么多报告,看来我要回去好好研究研究了。

小钟老师:年报里的学问可不少,您回去先看看,我们之后做个系列的讲解。

孟博士解读

下面我们来看一下《上市公司信息披露管理办法》对年报的相关规定。

第十九条 上市公司应当披露的定期报告包括年度报告、中期报告和季度报告。凡是对投资者作出投资决策有重大影响的信息,均应当披露。

年度报告中的财务会计报告应当经具有证券、期货相关业务资格的会计师事务所审计。

第二十条 年度报告应当在每个会计年度结束之日起4个月内,中期报告应当在每个会计年度的上半年结束之日起2个月内,季度报告应当在每个会计年度第3个月、第9个月结束后的1个月内编制完成并披露。

第一季度季度报告的披露时间不得早于上一年度年度报告的披露时间。

第二十一条 年度报告应当记载以下内容:

(一)公司基本情况;

(二)主要会计数据和财务指标;

(三)公司股票、债券发行及变动情况,报告期末股票、债券总额、股东总数,公司前10大股东持股情况;

(四)持股5%以上股东、控股股东及实际控制人情况;

(五)董事、监事、高级管理人员的任职情况、持股变动情况、年度报酬情况;

(六)董事会报告;

(七)管理层讨论与分析;

(八)报告期内重大事件及对公司的影响;

(九)财务会计报告和审计报告全文;

(十)中国证监会规定的其他事项。

小钟老师教你读年报（二）

冯大爷：小钟老师，我买股票的那家上市公司终于发年报了，您快教教我怎么看吧！

小钟老师：好呀！您之前有读吗？有什么收获吗？

冯大爷：年报里果然像您介绍的，分12个章节，我翻了翻，就注意到了上一年上市公司赚钱了，其他的都不知该从何看起呀，有什么好方法吗？

小钟老师：读年报的人包括现有股东、潜在的投资者、债权人等，方法、关注点也是因人而异。越是关注一家上市公司，对年报的研读就越深。作为普通投资者，我建议您将主要财务指标、经营情况讨论与分析、重要事项、财务报告四部分作为阅读重点。

冯大爷：这样范围小多了！那这四部分具体怎么读呢？

小钟老师：我们打开一家上市公司的年报，先翻看公司简介和主要财务指标章节。在这一章节中，披露了上市公司的一些基本信息和近3年的总资产、营业收入、净利润、净资产、经营活动现金流、净资产收益率、每股收益、非经常性损益等会计数据和财务指标。通过这一章节，我们就可以对上市公司的基本盈利能力有个大致的了解啦。在阅读时，我们主要看三点：一看收入和利润规模，二看当年与上一年度的增减变化，三看归属于上市公司股东扣非后的净利润。看收入与利润规模，就是看这个企业处于什么样的水准，有什么样的规模。除了看数值大小，还可以将上市公司与同行业公司进行横向比较，观察上市公司在行业中所处的位置。横向比较之后，就要纵向比较一下，即看上市公司当年与上一年收入、利润的增减。一般来说，如果增速超过30%，说明这个企业是个高速增长的企业；增速在20%～30%，说明这是一个中等增速的企业；增速低于20%，说明其增速比较一般。这个判断也不是绝对的，若前一年利润极低，后一年也可能出现高速增长的假象，要结合多个财务指标以及之前几年的数据波动一起判断。

冯大爷：嗯，我明白了，就是通过横向和纵向比较收入和利润指标，判断上市公司规模水平和盈利能力。还有个名字好长的净利润是什么呀？

小钟老师：是归属于上市公司股东扣除非经常性损益后的净利润。净利润，是扣除了所得税后的利润。非经常性损益，指的是与公司的主业无关的收入和支出。扣除非经常性损益后的净利润,排除了主业外的收入对利润的影响,更能反映企业真实的经营状况,所以这个指标很重要。在正常情况下,扣非前后净利润的走势基本一致,扣非后小于扣非前。但有很多的公司业绩下滑,本来扣非后的净利润为负数,因为财政补贴、税收返还等政策红包,让公司神奇般的扭亏为盈,净利润变为正数,财务报表又变得好看了,但盈利能力并没有提高。《公开发行证券的公司信息披露内容与格式准则第2号——年度报告的内容与格式公司》(2016年修订)规定,在披露"归属于上市公司股东的扣除非经常性损益后的净利润"时,应当同时说明报告期内非经常性损益的项目及金额。我们就能知道非经常损益到底来自哪里。

冯大爷:原来如此,看来我要学的还很多呀!我回去补习下财务知识,再对着年报读读看。改天继续向您请教!

小钟老师:好呀!我让孟博士再总结一下,帮您消化下今天的知识。

孟博士解读

上市公司年度报告,是上市公司对报告期内的生产经营概况、财务状况等信息进行披露的报告。根据我国现行《公开发行证券的公司信息披露内容与格式准则第2号——年度报告的内容与格式公司》(2016年修订),年报及其摘要主要内容包括:

1. 重要提示、目录和释义

提示重大风险、利润分配预案等,对可能造成投资者理解障碍及具有特定含义的术语做出通俗易懂的解释。

2. 公司简介和主要财务指标

提供公司名称、法定代表人、联系方式、注册地址等信息资料,以及截至报告期末公司近3年的主要会计数据和财务指标,包括但不限于总资产、营业收入、归属于上市公司股东的净利润、归属于上市公司股东的扣除非经常性损益的净利润、归属于上市公司股东的净资产、经营活动产生的现金流量净额、净资产收益率、每股收益。

3. 公司业务概要

简要介绍报告期内公司从事的主要业务、主要资产发生的重大变化、核心竞争力等。

4. 经营情况讨论与分析

对财务报告数据与其他必要的统计数据,以及报告期内发生和未来将要发生的重大事项,进行讨论与分析;回顾分析在报告期内的主要经营情况;对未来发展进行展望。

5. 重要事项

披露上市公司及其子公司发生的重大事项，包括普通股利润分配政策，相关方承诺事项，关联方非经营性占用资金情况，重大诉讼、仲裁事项，公司及其董事、监事、高级管理人员、控股股东、收购人等受调查、处罚等情况，控股股东及实际控制人诚信状况，股权激励计划，重大关联交易，重大合同及其履行情况等。

6. 股份变动及股东情况

披露报告期内普通股股份变动情况，股东及实际控制人情况等。

7. 优先股相关情况

披露截至报告期末近 3 年优先股的发行与上市、股东数量、持股、利润分配等情况。

8. 董事、监事、高级管理人员和员工情况

包括基本情况、背景职责、薪酬情况、员工情况等。

9. 公司治理

披露报告期内公司治理基本状况，报告期内股东大会召开、独立董事履职、董事会下设专门委员会提出的重要意见建议、监事会监督情况等。

10. 公司债券相关情况

11. 财务报告

披露审计报告正文和经审计的财务报表。

12. 备查文件目录

小钟老师教你读年报(三)

冯大爷:小钟老师,我回去学习了您教我读上市公司年报的知识。咱们继续讲讲其他内容吧!

小钟老师:我们说过,读年报有四个部分要重点阅读,还记得是哪四个部分吗?

冯大爷:当然记得,是主要财务指标、经营情况讨论与分析、重要事项、财务报告四个部分。

小钟老师:不错!上次我们讲了主要财务指标部分,这次我们就来看看经营情况讨论与分析这一部分。以前的年报里有个很重要的章节是董事会报告,后来又叫作管理层讨论与分析,如今演变成了经营情况讨论与分析,继承了董事会报告的精华。这一部分会从业务层面充分解释导致财务数据变动的根本原因及其反映的可能趋势,还会讨论和分析企业未来的战略、下一年度的经营计划以及公司可能面对的风险。经营情况讨论与分析包括报告期内的主要经营情况和公司未来发展的展望两大部分内容。我们先来看一下主要经营情况,这一部分分析了主要经营业务、非主要经营业务、资产及负债状况、投资状况、重大资产和股权出售、主要控股参股公司分析、公司控制的结构化主体情况等内容。

冯大爷:内容好多啊,有没有重点阅读的部分呀?

小钟老师:在主要经营情况部分中,我们重点关注主要经营业务。主要经营业务有五部分内容:一是概述部分,告诉我们这家公司的产品是什么,为什么亏损,又为什么赚钱。二是收入与成本部分,告诉我们这家公司的哪块业务最赚钱,哪块业务的成本最大。三是费用部分,包括销售费用、管理费用、账务费用,若其同比发生重大变动,会结合业务模式和费用构成,告诉我们产生变化的因素。其中,销售费用反映出企业的市场营销力度;管理费用是企业行政管理部门发生的各项费用,体现企业的行政管理效率,由于管理费用还可以用来操纵利润,所以要关注管理费用的异常变动;财务费用主要包括企业借款所支付的利息,金额越大,企业使用的财务杠杆就越大。四是研发投入部分,对高新技术企业来说研发投入尤为重要。五是现金流部分,这一部分会给出现金流变动的金额以及变动的原因。

此外,我们还应关注投资状况中的募集资金使用情况。从这一部分,我们可以看出企业募集的资金都用来做了什么、资金的使用效率如何、企业投资的项目是否有利于企业发展。重点关注募集资金承诺项目情况,从里面可以知道项目是否达到预期收益;如果没有,原因是什么。

冯大爷:嗯,我明白了,您再说说公司未来发展的展望这一部分吧。

小钟老师:这一部分有四小节内容:一是行业格局和趋势。公司会结合自身的业务规模、经营区域、产品类别以及竞争对手等情况,介绍与公司业务关联的宏观经济层面或行业环境层面的发展趋势,以及公司的行业地位或区域市场地位的变动趋势。还会分析公司的主要行业优势和困难,并说明变化对公司未来经营业绩和盈利能力的影响。二是公司发展战略。围绕行业壁垒、核心技术替代或扩散、产业链整合、价格竞争、成本波动等方面向我们提示未来公司发展机遇和挑战,披露公司发展战略,以及拟开展的新业务、拟开发的新产品、拟投资的新项目等。三是经营计划。回顾总结前期披露的发展战略和经营计划在报告期内的进展,对未达到计划目标的情况进行解释。四是可能面对的风险。针对公司特点,介绍可能对公司未来发展战略和经营目标的实现产生不利影响的风险因素,并介绍已经或计划采取的应对措施。阅读了这一部分,我们就可以对公司未来发展有个清晰的认识了。

冯大爷:看来经营情况讨论与分析真的很重要,既有对过去的分析,又有对未来的展望。谢谢小钟老师,我回去用您教的知识分析几家上市公司年报,看看有没有新收获。

小钟老师教你读年报(四)

冯大爷:小钟老师,今天咱们继续讲讲怎么读年报吧?我们是不是讲到读“重大事项”部分了?

小钟老师:好的,我这就跟您说说怎么读“重大事项”这一章节。这一章节包括的事项很多,但上市公司在一年里通常不会发生全部事项,所以浏览起来不会太困难。作为中小投资者,我建议您重点关注利润分配情况,报告期内非标准意见审计报告情况,会计政策、会计估计变更或重大会计差错更正情况,聘任、解聘会计事务所情况,重大关联交易事项,股权激励计划、员工持股计划或其他员工激励措施实施情况,重大诉讼、仲裁事项等。您立志做股东权益卫士,还可以顺带关注一下承诺履行情况和处罚整改情况。

冯大爷:小钟老师说笑啦,您跟我详细说一下吧。

小钟老师:我们先说利润分配情况。利润分配是与投资者收益权息息相关的事项,阅读这一项时可以对比同行业其他公司的情况。可供股东分配的利润=净利润-盈余公积+以往年度未分配利润,所以公司能不能分红得看公司盈利与否。一般说来,大笔的现金分红,不仅表明公司盈利状况良好,也反映了公司对未来的预期——试想公司如果觉得自己来年的日子不好过,还会把钱分出去吗?

冯大爷:我明白啦!接下来有几项涉及会计、审计的事项是怎么回事呀?

小钟老师:董事会、监事会及独立董事对会计师事务所本报告期“非标准审计报告”的说明,以及聘任、解聘会计事务所情况,会提示我们公司可能存在重大经营风险;会计政策、会计估计变更或重大会计差错更正情况则涉及对利润的影响。通常公司都不存在“非标准审计报告”的事项,但若存在该项,就要仔细阅读披露的内容,查看原因。同样地,上市公司也不会经常更换会计师事务所。有的上市公司会迫使注册会计师就其并不真实的报表发表无保留意见的报告。例如,连年亏损的公司可能会换掉较严格的会计师事务所,而聘用一家可以使它的不真实的盈利报表得以通过的会计师事务所。又如,为了符合增资扩股的要求,公司可能通过这种手段,更换聘用一家会计师事务所,以达到审计意见的无保留。正是由于存在发生这些损害投资者事件的可能性,所以要求上市公司在年报中对更换会计师事务所进行说明。我们可以从该说明的合理性中判断该公司的报表是否可靠、真实。至于会计估计的变更,则可能对会计报表产生修饰作用，使利润变得更好看，但这种改变并不是因生产经营水平上升而产生的，要注意辨别。

冯大爷：原来如此。还有大家经常提到的重大关联交易，这个要怎么关注呢？

小钟老师：关联交易提供了大股东损害中小投资者利益的可能，我们对此应特别注意。通过对这部分内容的分析，我们可以了解关联交易的详细信息，挖掘交易背后的隐情。阅读时要注意关注资产、股权转让的关联交易中的转让价格，特别是资产的账面价值与评估价值之间的差异，公司与其关联方之间是否有转移利润或资金的嫌疑。

冯大爷：看来这重大事项背后的文章还真不少，我得回去好好钻研一下。

小钟老师：好呀，其他的事项您也可以适当关注，读得多了就会看出很多故事。接下来我们让孟博士为您总结一下。

孟博士解读

我们来了解一下上市公司年报中"重大事项"的内容。根据《公开发行证券的公司信息披露内容与格式准则第2号——年度报告的内容与格式》(2016年修订)，上市公司需要披露的重大事项包括：利润分配情况，承诺履行情况，控股股东及关联方非经营性占用资金情况，报告期内非标准意见审计报告情况，会计政策、会计估计变更或重大会计差错更正情况，聘任、解聘会计师事务所情况，年度报告披露后面临的暂停上市、终止上市情况，破产重组情况，报告期内重大诉讼、仲裁事项，处罚及整改情况，公司及其控股股东、实际控制人的诚信状况，股权激励计划、员工持股计划或其他员工激励措施实施情况，重大关联交易事项，重大合同及其履行情况，社会责任工作情况，其他重大事项等。公司的子公司发生的本节所列重大事项，应当视同公司的重大事项予以披露。

小钟老师教你读年报(五)

冯大爷:我搞了一辈子工程技术,一看账本就头晕,家里的账都是老伴儿算的,自从炒了股票,看报表成了障碍,心里那个急呀!这不,我还买了好多财会书籍回家学习。学好了,以后说不定就可以掌管家里财政大权了。

小钟老师:冯大爷,您真是老骥伏枥,志在千里呀……行,我这就接着讲讲读年报的最后一个重点——读财务报告。"财务报告"章节一般在年报的末尾处,属于压轴部分。根据证监会《公开发行证券的公司信息披露内容与格式准则第 2 号——年度报告的内容与格式》(2016 年修订)第 67 条的规定,公司应当披露审计报告正文和经审计的财务报表。财务报表包括公司近两年的比较式资产负债表、比较式利润表和比较式现金流量表,以及比较式所有者权益(股东权益)变动表和财务报表附注。编制合并财务报表的公司,除提供合并财务报表外,还应当提供母公司财务报表。我们逐项讲解一下。您对这几个报表了解吗?

冯大爷:大概了解一些,资产负债表反映资产、负债和所有者权益情况,利润表反映企业一定期间的经营成果,现金流量表反映一定时期内公司现金增减情况。

小钟老师:说得不错。我们先来看一下资产负债表。读报表要有先后顺序,有重点地阅读。简单来说,就是先看总资产,再看资本结构,重点关注关键科目。公司的总资产规模有多大,它的盘子有多大,决定了大家对它的第一印象。资本结构即资产负债之间的比例关系,可以提示我们公司有无财务风险、偿债能力如何、资本结构稳定性如何。重点关注的关键科目,主要是资金往来科目,比如应收应付和预收预付类科目。尤其是其他应收和应付科目,容易为股东拆借资金做掩护,以及其中存在的关联方往来,会影响公司利润甚至影响利润造假。

冯大爷:嗯,我明白了,您接着说说利润表吧。

小钟老师:首先,我们分四步对利润表进行初步阅读:一看利润总额,二看营业收入,三看净利润,四看营业外收支。看利润总额,是探究公司是否盈利,利润总额与公司主营业务收入直接相关,是反映公司生产盈利水平的最核心的利润指标。看营业收入,是观察公司的规模大小。看净利润,是研究公司完税后的剩余资金,金额不是重点,关键是净利润来自哪里。看营业外收支,是研究公司通过主营业务之外的方式获得多少收入。具体研究方法可以参考我们之前介绍的"主要财务指标"章节。

冯大爷:首先分四步初步阅读利润表,那之后呢?

小钟老师:接下来,我们从三个方面——营业收入、成本费用、利润结构深入分析利润质量:一是分析营业收入质量,主要看量价分析、产品分析、客户分析。量价分析即分析销量和价格。收入上涨的原因通常来自销量增长和提高价格两个方面。对于销量增长,要分析增长能否持续;对于价格增长,也要分析背后的原因是什么,如果是因为成本上升才提价的,那么这种类型的涨价就没有多大的意义。产品分析即分析产品的收入增长点、产品多样性。客户分析主要是看对主要客户的依赖程度及客户稳定性。二是分析成本费用质量,关注主营业务成本,还有投入产出比,也就是费用与收益之间的关系。有的费用是固定的;有的费用随着收益的增加而增加;有的费用虽然不能给当期带来收益,但会影响企业未来的利润,比如广告费和研发费。三是利润结构分析,需要结合资产结构进行分析,投资性资产产生的就是投资利润,经营性资产产生的就是经营利润,我们要看的是,企业的资产结构与企业的利润结构是否配比。

冯大爷:真是复杂,看来我要先学习下基本的会计知识,再多看几份财务报告,好好消化下今天的知识,改天再接着听您讲解。

小钟老师教你读年报（六）

冯大爷:小钟老师,我们接着讲读年报吧！上次讲到读财务报告的资产负债表和利润表,还有个现金流量表没有讲呢。

小钟老师:好呀,我们来看看现金流量表。中小投资者往往喜欢读利润表,对现金流量表关注度不足。其实,通过现金流量表最能看懂一家企业。现金流量表,是反映上市公司在某一特定时期内(如季末、年中、年末)现金流进、流出及流入净额状况的财务报表,它是对资产负债表和利润表(损益表)这两张静态报表的动态补充。现金指的是企业的货币性资产,包括库存现金、银行存款、其他货币性资产、现金等价物。现金流量表主要包括三部分:经营活动现金流量、投资活动现金流量、筹资活动现金流量。

冯大爷:这几个现金流量又是什么意思呢?

小钟老师:假设冯大爷您家开了家面馆。经营活动现金流指的是通过卖面条赚了多少现金,在经营得好的情况下,现金流会随着营业收入的增长而增长;投资活动现金流量指的是随着店里吃面的人增多,您需要扩大店面花费的现金,您可能自己花钱买硬件扩充店面,也可能并购别家转手的铺子。筹资活动现金流量指的是当您赚下的钱跟不上面馆的扩张速度,需要去借钱,产生了现金的流入;到期了您需要还人家利息,产生了现金的流出。

冯大爷:原来如此。具体该怎么读呢?

小钟老师:主要分两步:一看现金流量表的大体架构。经营、投资、筹资三大活动所产生的现金流量是我们研究的重点。我们首先要关心的,是本期流入的数值及流入与流出的总数,当我们感觉明显异常时,再回过头来细细琢磨对应的构成状况。二看现金的流向结构状况。一家上市公司在其开展业务的时候,经营、投资、筹资三大活动均会产生一定的现金流动,分析其现金的流向结构状况,就是分析其现金收入、现金支出以及现金净额的各个组成部分所占比例,以期发现各个部分的重要性及其地位。

对于三种现金流的具体分析,我们以经营现金流为例:一是经营现金流的增幅,应该与收入的增幅保持一致。从现金流与净利润的配比,可以比较净利润、经营活动现金流净额两者趋势。二是经营现金流的总额,占据销售收入的比例,不能偏离合理范围。具体来说，一般经营现金流量约为营业净利润的 60% ~120%，低于或高于我们都需要重视其背后的原因。从销售现金比率，即经营活动现金流量与营业收入的比例，可以看出企业销售质量的高低，这个指标与企业的赊销政策有关。如果企业有虚假收入，也会使该指标过低。

总之，不可以只看净利润增长，要看经营活动现金流有没有增长；现金流量表不会说谎，虽然收入多了，但是应收账款是还没有变现的现金，企业的现金流并没有增加，而“应收账款”和“预付账款”科目可以反映企业产品的受欢迎程度；通过投资活动现金流，我们可以知道企业的钱都用在了什么地方；通过观察筹资活动现金流，则可以预知企业有无大的并购计划。

冯大爷：嗯，看来现金流量表的学问还真多。

小钟老师：虽然现金流量表比较可靠，但一些公司也会通过往来资金操纵现金流量表。上市公司与其大股东之间通过往来资金来改善原本难看的经营现金流量，本来关联企业的往来资金往往带有融资性质，但是借款方并不作为短期借款或者长期借款，而是放在其他应付款中核算，贷款方不作为债权，而是在其他应收款中核算，这样其他应付、应收款变动额在编制现金流量表时就作为经营活动产生的现金流量，而实质上这些变动反映的是筹资、投资活动业务。这样当其他应付、应收款的变动是增加现金流量时，经营活动所产生的现金流量净额就可能被夸大。

冯大爷：明白了，谢谢小钟老师！

小钟老师：这次讲解结束，读年报的几大重点您就都学完了，接下来，您就可以多读一读自己投资的上市公司的年报，在实践中提高水平。

小股东如何参与上市公司投资者关系管理（一）

小费阿姨:小钟老师,我听您讲了这么多小股东的权利,上市公司作为我们的投资对象,也应当积极维护我们的权利,对吧?

小钟老师:没错,这就是上市公司投资者关系管理的一项重要内容。

小费阿姨:投资者关系管理?感觉又是一个新的领域。

小钟老师:其实投资者关系管理与股东的权益是息息相关的,也已经诞生很久了,最早出现在20世纪50年代的美国,随着资本市场的成熟和股权文化的兴起而产生和发展。我国资本市场在近30年的发展过程中,上市公司也逐渐认识到了与投资者交流的作用。我国监管机构也在大力提倡开展投资者关系工作,从制度上促使上市公司通过投资者关系管理,保护投资者权益,特别是中小投资者的合法权益。

小费阿姨:投资者关系管理到底是什么?

小钟老师:证监会在2005年颁布的《上市公司与投资者关系工作指引》中,就明确了投资者关系工作的含义,即公司通过信息披露与交流,加强与投资者及潜在投资者之间的沟通,增进投资者对公司的了解和认同,提升公司治理水平,以实现公司整体利益最大化和保护投资者合法权益的重要工作。

小费阿姨:信息披露确实是您一直强调的与股东权益息息相关的公司义务,看来它在这项工作中发挥着很大作用呢!

小钟老师:正是如此。上市公司通过网上投资者说明会、开放投资者接待日、组织路演等途径开展投资者关系管理工作,向投资者真实、准确、完整、及时地介绍公司的发展状况、经营情况、财务状况等情况,方便投资者了解上市公司的真实情况,提高了上市公司的透明度。

小费阿姨:那我要好好关注一下这些途径,我从哪里可以得知上市公司的这些信息呢?

小钟老师:其实,超过八成的上市公司都在其官网上开辟了专门的投资者关系管理栏目,上海证券交易所的“e互动”、深圳证券交易所的“互动易”平台也都提供了投资者与上市公司直接对话的窗口。

小费阿姨:好的,谢谢小钟老师,我回去也上这些网站看一看。

小钟老师:我们孟博士还整理了相关的规定,您还可以进一步进行了解。

孟博士解读

2003 年 10 月深圳交易所发布了《深圳证券交易所上市公司投资者关系管理指引》，旨在推动上市公司进一步完善治理结构，规范投资者关系工作。

2005 年 7 月为了加强上市公司与投资者之间的信息沟通，完善公司治理结构，保护投资者特别是社会公众投资者的合法权益，证监会发布了《上市公司与投资者关系工作指引》，强调了投资者关系工作的重要性，是指导、规范上市公司投资者关系工作的纲领性文件。

《上市公司与投资者关系工作指引》“总则”中界定了投资者关系工作的含义、目的和基本原则。投资者关系工作的目的是：

(1)促进公司与投资者之间的良性关系，增进投资者对公司的进一步了解和熟悉。

(2)建立稳定和优质的投资者基础，获得长期的市场支持。

(3)形成服务投资者、尊重投资者的企业文化。

(4)促进公司整体利益最大化和股东财富增长并举的投资理念。

(5)增加公司信息披露透明度，改善公司治理。

投资者关系工作的基本原则是：

(1)充分披露信息原则。除强制的信息披露以外，公司可主动披露投资者关心的其他相关信息。

(2)合规披露信息原则。公司应遵守国家法律、法规及证券监管部门、证券交易所对上市公司信息披露的规定，保证信息披露真实、准确、完整、及时。在开展投资者关系工作时应注意尚未公布信息及其他内部信息的保密，一旦出现泄密的情形，公司应当按有关规定及时予以披露。

(3)投资者机会均等原则。公司应公平对待公司的所有股东及潜在投资者，避免进行选择性信息披露。

(4)诚实守信原则。公司的投资者关系工作应客观、真实和准确，避免过度宣传和误导。

(5)高效低耗原则。

(6)互动沟通原则。公司应主动听取投资者的意见、建议，实现公司与投资者之间的双向沟通，形成良性互动。“投资者关系工作的内容和方式”对该项工作的内容和方式进行了详细界定。投资者关系工作中公司与投资者沟通的内容主要包括公司的发展战略、法定信息披露及其说明、公司依法可以披露的经营管理信息、公司依法可以披露的重大事项、企业文化建设、公司的其他相关信息等。

此外,《上市公司与投资者关系工作指引》还对投资者关系工作的组织与实施进行了明确的指导。

2012年6月上海证券交易所发布了《关于进一步加强上市公司投资者关系管理工作的通知》,以引导和规范上市公司投资者关系管理,加强上市公司与投资者之间的信息沟通,切实保护投资者特别是中小投资者的合法权益,促进证券市场健康稳定发展。

小股东如何参与上市公司投资者关系管理（二）

小费阿姨：小钟老师，上次您讲了一些上市公司投资者关系管理的知识，我突然产生一个疑问，上市公司会理我们这些小股东吗？

小钟老师：很多小股东都可能有这样的疑问。上次我们也介绍了，证监会、上海证券交易所、深圳证券交易所等机构都发布了相关规定，对上市公司的投资者关系管理提出了相应的要求。而且也有很多关于上市公司投资者关系管理评价的活动。在内地市场，有“最受投资者尊重的上市公司评选”活动、“天马奖·中国上市公司投资者关系评选”活动等，上海证券交易所和深圳证券交易所每年也都开展上市公司信息披露工作的考核工作。

小费阿姨：您能介绍一下沪深交易所的活动吗？

小钟老师：为了加强上市公司信息披露监管，引导和督促上市公司及相关信息披露义务人加强信息披露工作，提高信息披露质量水平，保护投资者合法权益，上海证券交易所和深圳证券交易所每年都开展上市公司信息披露工作的考核工作，并制定了《上海证券交易所上市公司信息披露工作评价办法》（2017 年修订）、《上海证券交易所上市公司董事会秘书管理办法》（2015 年修订）和《深圳证券交易所上市公司信息披露工作考核办法》（2017 年修订）。

小费阿姨：有什么指标或关注的重点内容？

小钟老师：上海证券交易所对上市公司信息披露工作进行评价的内容主要包括以下几个内容：（1）信息披露的合规性情况，重点关注公司的信息披露是否真实、准确、完整、及时和公平；（2）信息披露的有效性情况；（3）落实分行业信息披露要求的情况；（4）信息披露相关制度建设和资源配置情况；（5）董事会秘书日常信息披露履职情况；（6）投资者关系管理情况；（7）其他信息披露相关工作情况。深圳证券交易所的则主要包括以下内容：（1）上市公司信息披露的真实性、准确性、完整性、及时性、合法合规性和公平性；（2）上市公司被处罚、处分及采取监管措施情况；（3）上市公司与本所配合情况；（4）上市公司信息披露事务管理情况；（5）认定的其他情况。

小费阿姨：好的，那我也多留意我购买权票的那家上市公司如何。上市公司本身有动力来维护与投资者的关系吗？

小钟老师：这是一个很关键的问题。如果上市公司没有动力，那么投资者关系管理就很难落到实处。对于上市公司而言,实施投资者关系管理是适应日趋激烈的市场竞争的需要,随着上市公司数量的增加,市场的供需结构已发生了重大变化,上市公司对投资性资本的竞争日趋激烈。我国证券市场的投资者队伍在不断扩大,投资者的职业化程度和专业化水平也在不断提高,这将促使市场投资理念更加趋于理性化,由此也将导致投资者对上市公司信息的需求更加丰富化、专业化。今后上市公司要想获得持续的融资和长远的发展,必须取得广大投资者的认可和支持。

小费阿姨:也是,这么多上市公司,选择余地有很多。

小钟老师:对的。如何处理好上市公司和股东之间的关系也是上市公司公司治理的一项核心内容。良好的投资者关系将增强投资者长期持股的信心,有利于扩大他们对企业治理结构的影响力,对公司决策拥有更大发言权,不失为改善公司治理结构的积极举措。此外,投资者关系管理也是保护投资者的重要措施之一。相对于大股东和机构投资者而言,中小投资者由于缺乏分析手段、调研成本较高等原因,难以及时掌握上市公司生产经营及财务状况,对公司信息的了解存在一定时滞,导致其投资决策受到一定程度的影响。投资者关系管理可以在相当程度上缩短这一时滞,增加他们关心公司的热情,保障投资者的知情权等合法权益。

第二节　行权形式之公开发声

应让破坏公司治理的不良之人担责——四问 ST 慧球董事、监事、高级管理人员

近日，ST 慧球“1001 议案”事件再次引起市场热议，成为舆论焦点。上海证券交易所已及时从信息披露角度采取监管措施，证监会也再次启动了立案调查。

投服中心认为，在上海证券交易所已就 1001 项议案内容严重失当提出整改要求的情况下，公司董事会仍不执行，擅自在非信息披露平台发布，表明相关董事、监事、高级管理人员严重失职，股东权益因此受到极大损害，将适时采取法律手段维护广大中小股东合法权益。对于此次事件，投服中心提出以下问题。

一问董事会忠实勤勉的义务和操守何在

此次泄漏的 1001 项议案数量创造了我国资本市场之最，但是如上海证券交易所在监管工作函指出的，议案内容大多逻辑混乱、前后矛盾、内容重复。例如，不仅有全体员工加薪与降薪议案并存、公司地址一连变更 18 次、调整双休日时间遍及 1 周等视同儿戏、极不严肃的议案。此外，还有建立健全员工恋爱审批制度、第一大股东每年捐赠上市公司不少于 100 亿元现金等超越股东大会职权范围或者强加股东义务的议案。

《公司法》规定，董事、监事、高级管理人员应当遵守法律、行政法规和公司章程，对公司负有忠实义务和勤勉义务。《关于在上市公司建立独立董事的指导意见》中规定，独立董事应认真履行职责，维护公司整体利益，尤其要关注中小股东的合法权益使其不受损害。

公开资料显示,ST 慧球董事会现有五位董事,分别是董事董某某、温某某,独立董事李某某、刘光某、刘士某。

请问董某某,作为董事长,此次 1001 项议案是否依法召开董事会审议?董事会是如何召集的?议案是如何提出的?哪些董事出席了董事会?董事的表决意见是什么?董事会的表决过程和结果是什么?请问 3 名独立董事是否参加了董事会?是如何表决的?对相关议案表决意见是什么?在此次事件中是如何履行"维护公司整体利益,尤其要关注中小股东的合法权益不受损害"职责的?董事会是否被动机不端的个人操纵,成为傀儡?

请问刘光某独立董事,作为法律专业人士,如何评价诸多涉嫌违法违规的议案?

请问李某某独立董事,作为会计专业人士,如何评价 ST 慧球及 10 余家子公司同时向多家银行申请巨额授信额度等议案?

请问刘士某独立董事,在第八届董事会第三十四次、第三十五次、第三十七次、第三十八次会议(根据公司公告,无第三十六次会议决议)均未亲自参加会议,也未委托代理人,是如何履行独立董事职责的?

投服中心认为,此次事件主观恶意十分明显。其是对股东的恶意侵犯,董事会长期把持上市公司肆意妄为,严重侵害了广大股东的权利;也是对上市公司的恶意损害,上市公司成为资本市场反面"明星",被监管部门立案调查;更是对监管的恶意挑衅,不断触碰监管底线,漠视和挑衅法律法规。投服中心质询:董事会和相关董事忠实勤勉的义务和操守在哪里?

二问监事会如何履行监督职责

《公司法》第 53 条规定,公司监事会须对董事、高级管理人员执行公司职务的行为进行监督,对违反法律、行政法规、公司章程或者股东会决议的董事、高级管理人员提出罢免的建议;当董事、高级管理人员的行为损害公司的利益时,要求董事、高级管理人员予以纠正。《公司法》第 54 条第 1 款规定:"监事可以列席董事会会议,并对董事会决议事项提出质询或者建议。"

请问监事长潘某某、监事顾某某和顾某,是否列席了本次董事会?对存在诸多问题的议案,提出哪些质询或者建议?对议案"炮制"以及信息泄漏采取了哪些监督措施?是否纠正董事、高级管理人员损害公司利益的行为?

三问董事会秘书如何履行信息披露职责

《公司法》规定，董事会秘书负责上市公司股东大会和董事会会议的筹备，办理信息披露事务等事宜。《上市公司信息披露管理办法》规定，信息披露义务人应当真实、准确、完整、及时地披露信息，不得有虚假记载、误导性陈述或者重大遗漏。实际上，1001 项议案披露不完整，所有议案仅披露标题，没有披露具体议案内容，对重大事项也未按照临时公告格式指引的要求单独披露，一些议案涉嫌违法违规、误导投资者。不但不落实交易所提出的监管要求，而且相关议案和交易所监管工作函等内容在网络泄漏。

作为信息披露事务的直接负责人，董事会秘书陆某某不但不具备任职资格，而且信息披露屡次出现重大问题，严重不称职。请问，为何如此任意妄为?

四问相关信息如何被泄露

2017 年 1 月 3 日，ST 慧球向上海证券交易所提交了董事会决议公告和临时股东大会通知，因其内容违反信息披露规则，上海证券交易所发出监管工作函，要求 ST 慧球进行修改，但其并未按照要求修改。1 月 5 日上述公告文件和监管工作函在股吧、论坛等网络上全文泄露。据媒体报道，还出现了以 ST 慧球股票代码“600556”为域名的网站，发布相关公告。此前，ST 慧球已多次出现信息泄露事件，此次再次泄露，请问 ST 慧球董事、监事和董秘，信息泄露是如何发生的？是否故意泄露？是哪些人泄露？责任人是谁?

投服中心呼吁，全体股东应积极行动起来，行使股东权利，罢免相关董事、监事，让破坏公司治理的不良之人担责，让上市公司尽快回到正常发展轨道上来。投服中心将持续关注事态进展，适时采取参加股东大会、提起诉讼等措施，维护广大中小股东合法权益。

将再赴慧球，三问候选董事、监事

2017年1月25日,ST慧球召开2017年第一次临时股东大会,审议表决9项议案,其中包括审议表决第一大股东深圳市瑞莱嘉誉投资企业(以下简称瑞莱嘉誉)提名的全部候选董事、监事。投服中心作为ST慧球的股东,一直持续关注ST慧球相关事件进展,决定再赴慧球公司,参加临时股东大会,行使质询权、建议权、表决权。鉴于公司董事会、监事会成员均由第一大股东提名,若获通过,则意味着公司第一大股东对董事会、监事会具有相当大的控制力,董事会、监事会成员与第一大股东关系密切。前车之鉴,中小投资者不免担心ST慧球是否会重现治理乱象,将公司作为少数人利益博弈的工具?在投票表决前,投服中心认为有必要向ST慧球候任董事、监事提出以下三个问题。

一问候任董事、监事为谁服务?对谁负责?

ST慧球之前7次重组都未成功,广大中小股东饱受痛苦,尤其是前任董事会、监事会和董事、监事更是置公司和广大股东尤其是中小股东的利益于不顾,视公司治理为儿戏,不作为、乱作为,以至于出现了奇葩的1001项议案,多次肆意违反信息披露法律法规,践踏公司治理。前任董事会、监事会和董事、监事只为个别股东或实际控制人服务,只向个别股东或实际控制人负责,使公司成为个别股东或所谓的"资本玩家"炒作公司、博取眼球、操纵利益的工具,广大中小投资者深受其害。我国《公司法》第47条明确规定,董事会对股东大会负责,向股东大会报告工作,并执行股东大会的决议;第54条、第55条明确规定了监事会的职权,对公司董事会、董事和高级管理人员行使监督检查、质询建议、提案罢免、调查诉讼等进行了一系列权利。毫无疑问,董事会、监事会与董事、监事的基本职责和义务是为了公司及全体股东的利益,为公司及全体股东服务,对公司和全体股东负责。本次股东大会候任董事、监事,全由公司第一大股东、实际控制人瑞莱嘉誉提名,一旦通过,我们不免担心会否重蹈覆辙。董事会、监事会是谁的?董事、监事为谁服务?对谁负责?

二问候任董事、监事针对ST慧球现状,是否真心实意经营?是否有具体经营措施?

根据公告,瑞莱嘉誉的执行事务合伙人为深圳市前海瑞莱基金管理有限公司(以下简称瑞莱基金),瑞莱基金的控股股东为深圳市前海瑞莱小微金融资产管理有限公司(以下简称前海瑞莱),该公司股权相对分散,无实际控制人,因此瑞莱嘉誉也无实际控制人。

有市场传闻,瑞莱嘉誉举牌ST慧球是一项财务投资和资本运作,主要是因为前海瑞莱作为私募基金管理人,投资了很多项目,但退出途径不畅。在实际控制ST慧球后,拟将相应的资产装入上市公司,实现资本退出,并不准备长期经营ST慧球。请问市场传闻是否属实?作为瑞莱嘉誉提名的候任董事、监事是否真心实意经营上市公司?

目前,ST慧球基本已没有实际业务可保证公司持续经营,2017年还出现了亏损,并且呈快速恶化的趋势,加之前任董事会、监事会的不作为和乱作为,使公司成为我国上市公司公司治理和信息披露负面形象的典型。一家上市公司主营业务突出、持续盈利能力较强、公司治理良好、信息披露依法合规,是其能在资本市场长期发展的关键。请问候任董事、监事当选后,如何进行公司治理、依法合规信息披露?具有何种具体措施面对公司当前的复杂局面?有何计划和举措恢复公司持续经营能力,避免公司业绩继续下滑?

投服中心建议候任董事、监事当选后要吸取前车之鉴,与经营班子一起迅速完成监管部门的整改要求,消除恶劣影响,忠实诚信、勤勉尽职,全力以赴搞好公司经营,不辜负广大中小投资者的信赖和重托:一是尽早恢复信息披露秩序,正常履行信息披露义务,确保信息披露规范;二是切实整改监管机构提出的问题,核实并澄清之前信息披露的漏洞与失误,调查信息违规泄露责任人,澄清市场质疑;三是更换不称职的高级管理人员,聘任合格的董事会秘书和证券事务代表;四是按照法律法规和公司章程的规定,行使董事会、监事会职权,忠实勤勉履责,规范公司治理;五是采取切实措施,恢复公司经营、确保公司持续经营,提高公司经营业绩。

三问前任董事、监事、高级管理人员等给公司和股东造成了巨大损失,候任董事、监事是否准备维权?采取何种方式维权?

前任董事、监事、高级管理人员及其他相关人在公司经营持续恶化的状况下,仍通过相关协议租赁大面积办公场地、购买无实际用途办公场所、擅自设立多家子公司等,涉嫌掏空上市公司和利益输送;不履行信息披露的法定要求,擅自披露,不真实、全面、完整、客观披露,拒不执行监管部门的整改要求,致使公司被ST,公司股票持续下跌,公司严重受损,广大中小投资者的合法权益受到严重侵害;据媒体报道,涉嫌伪造独立董事签名,在我国香港特别行政区专门注册网站,泄露公司信息等违法行为。

我国《公司法》第149条明确规定:“董事、监事、高级管理人员执行公司职务时违反法律、行政法规或者公司章程的规定,给公司造成损失的,应当承担赔偿责任。”

候任董事是否已做好准备,立即采取措施,避免前任董事会给公司造成的损失进一步扩大?是否通过某种手段进一步追究前任董事、监事、高级管理人员及相关人员的责任?

我国《公司法》第151条第1款规定:“董事、高级管理人员有本法第一百四十九条规定情形的,股份有限公司连续一百八十日以上单独或者合计持有公司百分之一以上股份的股东,可以书面请求监事会向人民法院提起诉讼。”

候任监事是否以已做好准备,在相关股东请求监事会向人民法院提起诉讼时,是否通过诉讼方式追究前任董事、高级管理人及相关责任人进行赔偿,挽回公司损失?

前任董事、监事等人员虽已集体辞职,但其不作为、乱作为已造成ST慧球和广大中小投资者巨大损失,法律责任无法逃脱。投服中心也将根据具体情况,选择合适时机,通过公开征集等方式,和广大中小投资者一起共同起诉真正的责任主体,让扰乱公司治理的不良之人担责,让责任人得到应有的严惩。

ST慧球临时股东大会召开在即。作为股东,投服中心对公司新一届董事会、监事会寄予厚望,希望此次股东大会能成为ST慧球的转折点和新的起点,希望新一届董事会、监事会吸取前届董事会、监事会的教训,向股东大会负责而不仅是向大股东或个别人负责,为了公司和全体股东的利益尤其是广大中小股东的利益,依法合规、诚实信用、勤勉尽责,使公司尽快走上正轨,回归正常经营道路。投服中心将始终站在中小股东的立场,为了广大中小投资者的合法权益,一如既往持续关注ST慧球的后续发展,通过行使股东建议、质询、表决等权利,督促新任董事、监事切实履行应尽职责和义务。如果新任董事、监事、高级管理人员及实际控制人,出现违法违规、侵害上市公司或中小股东利益的行为,投服中心将及时行使股东权利,并号召广大中小投资者共同维护自身合法权益。

雅百特应勤勉尽责 切实担负起投资者保护工作

2017年5月12日,证监会对雅百特下发了《行政处罚及市场禁入事先告知书》,指出雅百特涉嫌2015年至2016年9月累计虚增营业收入约5.8亿元,虚增利润近2:6亿元,拟对其进行行政处罚。雅百特此次造假数额巨大,性质恶劣,作为投资者保护机构和雅百特小股东,投服中心在此给予谴责,并建议上市公司督促业绩承诺方完成补偿,建议上市公司采取具体措施进行整改,切实保护广大中小投资者的合法权益。

重述会计报表,督促承诺方履行业绩补偿承诺

2015年上市公司(中联电气)通过资产置换、发行股份方式购买山东雅百特100%股权,山东雅百特实现借壳上市。在《重大资产置换及发行股份购买资产暨关联交易报告书(修订稿)》中,山东雅百特股东瑞鸿投资、纳贤投资、智度德诚承诺,山东雅百特2015年年度、2016年年度、2017年年度实现扣除非经常性损益后归属于母公司所有者的净利润数分别为2.55亿元、3.61亿元、4.76亿元。若山东雅百特未实现承诺的净利润,瑞鸿投资、纳贤投资将以股份及现金补偿的方式、智度德诚以股份方式对公司进行补偿,对于每年须补偿的股份数将由上市公司以1元总价回购并予以注销。

根据上市公司公开财务数据,山东雅百特扣除非经常性损益后归属于母公司所有者的净利润2015年为2.71亿元,完成承诺的业绩;2016年为2.58亿元,未实现承诺业绩。根据证监会《行政处罚及市场禁入事先告知书》,雅百特于2015年至2016年9月通过虚构海外工程项目、虚构国际贸易和国内贸易等手段,累计虚增营业收入约5.8亿元,虚增利润近2.6亿元,其中2015年虚增利润占当期利润总额约73%,2016年虚增利润占当期利润总额约11%。上市公司的利润基本上全部源于全资子公司山东雅百特,按照73%的虚增比例,山东雅百特2015年实现的净利润数不足1亿元,较2015年承诺业绩相差甚大。建议上市公司核查,扣除虚增利润后,山东雅百特2015年和2016年实现的净利润和业绩补偿金额分别是多少?并及时督促业绩承诺方履行承诺,切实维护上市公司及广大中小投资者的权益。

做好妥善赔偿投资者、全面纠正整改和化解风险的预案

雅百特涉嫌虚增营业收入和净利润的金额巨大,公司公告被证监会立案调查后,股价大幅下跌,公司受到行政处罚,增发行政许可申请等后续事项也势必受到影响,中小投资者的直接和间接损失巨大。根据相关法律法规,公司有义务改正违法行为,赔偿受损的投资者,追究相关责任人员的责任。同时,雅百特公告称,公司可能存在因重大信息披露违法行为,被深圳证券交易所实施退市风险警示并暂停上市的风险。公司也应按照《深圳证券交易所股票上市规则》"全面纠正违法行为、及时撤换有关责任人员、对民事赔偿责任承担作出妥善安排"的要求制定相关预案,有效化解可能的暂停上市及强制退市等风险,防止中小投资者的权益进一步受到侵害。

雅百特此次整改面临时间紧、任务重、难度大等问题,投服中心将持续、密切关注公司动态,并拟于2017年5月26日参加公司2016年年度股东大会。如果上市公司不积极整改,被强制退市,投服中心将进一步采取法律措施。

公司章程不应超越法律

上市公司通过公司章程设置不当反收购条款、阻却市场化收购的现象不断升温，已进入白热化。自“宝万之争”，为防止所谓的“野蛮人”入侵，已有600多家上市公司修改公司章程，引入反收购条款，采取种种限制措施、增加收购难度，阻止公司被市场化收购。作为上市公司的小股东、专为中小投资者服务的公益性机构，投服中心持续关注，对多家上市公司章程集中审阅和研究，发现诸多反收购条款同法律、法规相悖，不合理地限制股东权利或增加股东义务、抬高股东行权门槛，侵害上市公司和其他广大中小股东的合法权益，影响公司正常治理，不利于上市公司长远发展。投服中心认为，广大中小投资者欢迎市场化的收购行为，它对资本市场的资源配置、上市公司做优做强、中小投资者的权益保护发挥至关重要的作用。

类不当反收购公司章程条款引关注

截至目前，投服中心对38家上市公司进行了现场行权，通过在股东大会现场质询、发送股东质询建议函等方式持续督促上市公司及时修改公司章程中不合法、不合规的反收购条款。通过前期持股行权，我们对反收购条款进行了梳理及分类，主要归纳如下六类不当反收购条款。

1. 提高持股比例或设置持股期限限制股东权利

上市公司在公司章程中通过提高股东持股比例或增加持股期限要求，限制股东行使提案权、提名权、征集投票权、自行召集和主持股东大会等权利。例如，公司章程规定，公司董事会、监事会、连续180日以上单独或者合并持有公司已发行股份10%以上的股东可以提出董事、监事候选人，董事会经征求被提名人意见并对其任职资格进行实质审查后，向股东大会提出提案，并依据持股比例限制股东可提名董事或监事候选人的人数。又如，规定唯有连续270日以上单独或者合计持有公司10%以上股份的股东才可自行召集和主持股东大会，并在公司章程中设置征集投票权最低持股比例要求。

2. 增设股东的披露义务

上市公司在公司章程中通过降低信息披露的股权比例，增加收购方的信息报告义务。例如，规定收购人及其一致行动人持有公司股份达到3%，应当在发生之日起

3日内,向公司董事会作出书面报告,同时后续持股比例每增减变动达3%,也应履行相同的报告义务,否则视为放弃其所持或控制的该等股票的表决权。

3. 增加公司收购特别决议、设置超级多数条款

上市公司章程将公司收购列为特别决议事项,并规定相关议案应由股东大会出席会议的股东所持表决权的3/4通过,更有甚者直接将涉及收购方及其一致行动人提交关于购买或出售资产、对外投资、对外担保等内容的议案规定表决通过标准提高至出席股东大会所持表决权的4/5。

4. 限制董事结构调整

上市公司设置分级分期董事会是将董事会分成若干组,规定每一组不同的任期,以使每年都有一组的董事任期届满,每年也只有任期届满的董事被改选。由于每年只能改选一定比例的董事,所以即使收购者收购上市公司足额股权,也无法对董事会进行实质性改组,从而无法控制公司。同时,上市公司通过在公司章程中限制任期届满后董事会成员可改选的人数或改选频率,阻止收购方对董事会进行改组。例如,公司章程规定,在董事会任期届满后,继任董事会成员中至少应有2/3以上的原任董事会成员连任,连续36个月内更换的董事不得超过全部董事会成员的1/4。此外,上市公司通过对董事任职资格作严格限制,阻碍收购方提名的董事当选。例如,公司章程规定,董事候选人应来自本公司及控股子公司任职等特殊任职条件。

5. 赋予大股东特别权利

上市公司章程规定,当公司面临恶意收购情况时,公司控股股东有权采取或要求董事会采取反收购措施,无须另行单独获得股东大会的决议授权。

6. 设置"金色降落伞"计划

上市公司章程规定,在公司被收购时,董事和高级管理人员在公司被并购接管且被解除时,将从公司一次性领取巨额补偿金。

公司自治不应违反法律

上市公司在公司章程中设置前述六类不当反收购条款,其违法性是显而易见的,当属无效。

就限制股东权利而言,我国《公司法》第100条至第102条,《上市公司章程指引》(2016年修订)第53条、第82条,《上市公司股东大会规则》(2016年修订)第14条,以及国务院办公厅《关于进一步加强资本市场中小投资者合法权益保护工作的意见》

(国办发〔2013〕110 号)规定,股东单独或合计持股 3% 以上即可行使提案(名)权,不存在其他附加条件,也未对持股期限作任何限制规定,董事会收到提案后应当提交股东大会,不得将归属于股东大会的董事、监事候选人审查、决策权变相转移至董事会。在董事会、监事会均不履行召集股东大会职责时,连续 90 日以上单独或合计持有 10% 以上股份的股东可以自行召集和主持,《公司法》对股东行使权利的持股比例及期限设定了明确的法定要求,上市公司不得自行提高,也不得对征集投票权提出最低持股比例限制,从而损害中小股东的合法权益。

就信息披露而言,我国《证券法》第 86 条规定,投资者持有或与他人共同持有股份达 5% 时,应依法履行信息披露义务。这意味着未达到 5% 时,无须履行《证券法》第 86 条所规定的披露义务。法律之所以规定 5% 的披露线是综合考虑对股价的影响、信息披露成本、披露的必要性以及交易效率等因素,旨在保障证券交易行为的公开性、公正性,防止内幕交易及操纵市场行为,保护股东的知情权而对大额持股股东加以信息披露的义务。但这种义务不应被过分放大,特别是不应以侵害股东的交易自主权和商业秘密为代价。将披露线由 5% 降至 3%,实际上对收购人设定了额外义务,已超过法律规定的最高标准,对投资者的交易自由构成不当限制。

就表决权的法定比例而言,我国《公司法》第 103 条第 2 款规定,一般事项适用 1/2 以上相对多数决,特别事项为 2/3 以上绝对多数决,除此之外不存在任何第三种决议效力形式,《公司法》规定的表决权比例不得由公司自行降低或提高。若上市公司将任一事项的表决权比例提高至 3/4,人为设定大股东一票否决权,实际上反噬了公司"资本多数决"原则,极易异化成部分股东为自身短期利益、否决对公司长远发展有利的决议,影响公司议案的正常通过,从而损害中小股东的利益。

就董事选任而言,我国《公司法》第 4 条、第 37 条、第 45 条规定,公司股东依法享有选择管理者的权利,董事的选举和更换必须经过股东大会。董事任期由公司章程规定,每届任期不得超过 3 年,任期届满连选可以连任。因此,股东大会是董事产生或更选的必经程序,虽然可以连选连任,但前提是股东大会选任了才能连任。公司章程不得剥夺、限制股东选任董事的基本权利,也不得通过董事强制性连任,变相延长董事法定最长 3 年的任期。虽然,《公司法》第 146 条仅规定了董事的消极资格,未就董事的积极资格作强制性规定,但公司章程中董事资格的限制条款不能旨在针对收购方、限制收购方的提名权和选举权,不得违反《公司法》第 126 条"同股同权"的强制性规定,不合理地限制市场化的公司收购行为。

投服中心将视情况行使股东诉讼权

我国《证券法》《公司法》均未明确限制收购行为,反收购并非上市公司控股股东的法定权利。股东大会是公司的权力机构,董事会对股东大会负责,对全体股东负责,不应仅受控股股东的支配,公司章程不应赋予控股股东特别权利,不得违反“同股同权”的强制性法律规定。

不可否认,公司章程可以自治,可以就法律中未有明文规定或强制规范的部分进行意思自治。上市公司可以从保障投资者权益的角度出发,通过公司章程的规定,增加股东权利,更好地保护中小股东权益。但公司章程的自治有其前提条件,既不能违反法律明文规定,也不能违反基本法理和立法本意。一切违反法律法规的公司章程不但无效,还可能承担由此造成的法律后果。同时,公司章程具有涉他性,公司章程的自治亦不能侵犯他人合法权利,不得有损法律、法规所保护的相关方之合法权利。前述反收购条款之所以不当,是因为相关条款的设置是出于保护一部分人的利益而不是整个公司和全体股东的利益,从而损害了其他相关方的合法权益,也违反了相关法律规定。例如,公司董事会单方面制定高额赔偿金条款、固化董事及高管人员的地位,涉嫌利益输送,形成内部人控制以及妨碍董事、高级管理人忠实义务的履行。该等条款一旦触发,将大大削减上市公司的净利润,严重损害广大中小股东的利益。

综观中外公司发展史,市场化收购有利于市场资源的合理配置、有利于公司外生式发展、有利于投资者的价值发现,受到各国法律保护及监管机构的鼓励。我国《公司法》、《证券法》、《上市公司收购管理办法》(2014年修订)对此均有规定,证券监管机构也同样鼓励。投服中心认为,上市公司为防止“野蛮人”入侵、阻却违规收购,在公司章程中增加合法的反收购条款无可厚非,也符合立法本意,如《上市公司收购管理办法》规定,信披违规的收购人在改正前不得行使表决权。但上市公司不能为了大股东或管理层的利益而超越法律规定,在公司章程中设置不当反收购条款,使现有法律形同虚设,破坏公司治理、资本市场良好秩序,导致上市公司的利益和广大中小投资者合法权益受损。如不及时阻止,群起效仿,后果堪忧。

投服中心呼吁上市公司对公司章程自行核查,对不合法、不合规的章程规定尽快进行整改及修订。投服中心将持续关注此类问题,依法行使质询、建议权,督促上市公司修改章程,对拒不改正、性质恶劣的上市公司将向监管部门报告、提起诉讼、提请法院确认相关决议无效。

山东金泰应重视中小投资者合法权益

2017 年 6 月 9 日投服中心作为中小股东参加了山东金泰（股票代码：600385）2016 年年度股东大会，针对公司存在的诸多问题现场提出质询和建议。山东金泰非但不正视自身存在的问题，反而公开表示中小股东依法行使质询权、建议权干扰了股东大会的正常召开。对此，投服中心将向监管部门报告，并根据公司违法违规情况适时采取有关措施，维护广大中小投资者的合法权益。

投服中心表示，将依据证监会批复的《扩大持股行权试点方案》的规定，对法律、法规等有明确要求，但上市公司未落实或落实不到位，从而涉嫌侵害中小投资者合法权益的事项，持续关注，示范行使法律赋予股东的各项权利，保护好中小投资者的利益。

投服中心发现，山东金泰在公司章程第 48 条、第 53 条、第 82 条规定中自行对单独或者合计持有公司 3% 以上股份的股东的提案权、董事及监事候选人的提名权，以及对连续 90 日以上单独或者合计持有公司 10% 以上股份的股东自行召集和主持股东大会的权利增设 270 日持股期限的要求，不合理地限制了股东权利，违反了我国《公司法》第 102 条第 2 款、《上市公司章程指引》（2016 年修订）第 53 条、第 82 条以及《上市公司股东大会规则》（2016 年修订）第 14 条的规定，侵害了中小投资者的合法权益，应属无效。

一、股东违规减持　侵害中小投资者合法权益

2017 年 3 月 31 日山东金泰公告持股 5% 以上股东北京盈泽科技投资有限公司在未预先披露减持计划的情况下，通过集中竞价交易减持公司股票，且减持股份总数超过了公司股份总数 1%，造成违规减持。投服中心发现，违规减持公告披露后，山东金泰的股价存在异常波动，自 3 月 31 日的每股 18.81 元下降至每股 13 元左右，违规减持行为影响了市场交易秩序，并损害了中小投资者的合法利益。尤其是，近期证监会、交易所分别发布了上市公司股东、董事、监事、高级管理人员减持新规，投服中心建议公司尽快落实上市公司减持新规，督促股东、董事、监事、高级管理人员严格按照减持新规执行，避免日后因违规减持行为受到监管部门的处罚，造成上市公司股价异常波动、损害中小投资者的合法权益。

关于股东违规减持的问题,相关人员现场表示股东违规减持已事后公告,不存在任何问题。

二、持续发问 剑指公司合规治理

在股东大会现场,投服中心发现会议召开、表决程序上存在多处不合规的情况,比如董事长在股东未进行审议讨论的情况下即组织股东进行投票;5名董事及2名独立董事未参加本次年度股东大会,公司也未在开会前期说明相关人员缺席股东大会的原因;2名独立董事未按《上市公司股东大会规则》第28条的规定出席股东大会进行述职;股东大会会议现场,公司未经股东大会推举自行指定了2名股东代表进行现场计票和监票。投服中心表示,年度股东大会是上市公司一年一度中最重要的会议,依据《公司法》《上市公司股东大会规则》等规定,全体董事、监事和董事会秘书应当出席股东大会,经理和其他高级管理人员应当列席会议。在年度股东大会上,每名独立董事应就过去一年的工作向股东大会作出述职报告,董事、监事、高级管理人员应就股东的质询作出解释和说明。股东大会对提案进行表决前,应当推举2名股东代表参加计票和监票。

另外,山东金泰2016年年度审计报告、内控报告均出现强调事项段,披露公司内控存在重要缺陷、本部经营困难、职工的薪酬和社保费用未按时发放缴纳、未按规定履行纳税义务。投服中心建议公司董事会、高级管理人对公司治理不合规的问题及时进行整改,改善公司内控管理。

对于投服中心提出的上述问题及建议,公司董事长及其他董事、监事、高级管理人员拒绝回答,并表示投服中心依法行使的质询权及建议权干扰了会议正常召开。投服中心认为,山东金泰的诸多问题,违反了《公司法》《上市公司股东大会规则》等法律、法规规定,相关董事、监事、高级管理人员漠视中小股东合法权利、存在不勤勉履职的行为,侵害了中小投资者合法权益。投服中心将持续关注相关问题进展,及时向监管部门报告,适时采取有关措施,维护广大中小投资者合法权益。

中小投资者欢迎市场化的要约收购

2017 年 6 月杭州浙民投天弘投资合伙企业(有限合伙)(以下简称浙民投)拟通过部分要约收购方式以每股 36 元的价格收购振兴生化股份有限公司(以下简称 ST 生化)27.49% 的股权、取得上市公司的控制权,市场反响巨大,引起中小投资者广泛持续热议。要约收购期间,ST 生化又因上市公司筹划重大资产重组申请停盘,再次将其推至舆论焦点,市场对 ST 生化本次重大资产重组的质疑持续升温。中小投资者陆续向投服中心反映,对 ST 生化的要约收购及重大资产重组提出疑问。作为专职服务、保护中小投资者合法权益的公益性机构,投服中心十分关注并持续跟踪了事件发展及最新动态。

要约收购是市场资源合理配置的有效方式

市场化收购有利于市场资源的合理配置、有利于公司外生式发展、有利于投资者的价值发现,受到各国法律保护及监管机构的鼓励。我国《公司法》《证券法》《上市公司收购管理办法》(2014 年修订)对此均有规定,证券监管机构也同样鼓励市场化收购。不难发现,通过市场化收购,收购方可以使上市公司拥有强大的股东背景、管理层丰富的企业管理经验,有助于上市公司后续的经营管理,改善公司治理机制,提升上市公司的盈利水平。

近几年,由于第一大股东振兴集团有限责任公司(以下简称振兴集团)迟迟未能按承诺剥离 ST 生化下属振兴电业 65.2% 的股权,导致 ST 生化连续多年未能完成股改(直至 2017 年 9 月才完成振兴电业 65.2% 股权转让)。ST 生化近几年涉及多起重大诉讼,多次受到监管机构的行政处罚、公开谴责等监管措施。对于拥有优质资产但经营不善的 ST 生化而言,本次要约收购利于改善公司治理水平,建立市场化运营机制,提升经营效益。

从中小投资者的权益出发,本次收购通过公开透明、市场化的方式向上市公司所有股东发出收购其股份的要约,要约收购提出的各项收购条件适用于所有股东,享有与大股东相同的价格溢价出售其股份,实现前期投资收益及回报。要约收购的方式公平对待了所有股东,尤其是中小投资者,更好地体现了《公司法》“同股同权”的立法精神。

要约收购与重大资产重组之间的特殊关系

《上市公司收购管理办法》第 33 条规定,收购人作出提示性公告后至要约收购完成前,被收购公司除继续从事正常的经营活动或者执行股东大会已经作出的决议外,未经股东大会批准,被收购公司董事会不得通过处置公司资产、对外投资、调整公司主要业务、担保、贷款等方式,对公司的资产、负债、权益或者经营成果造成重大影响。

自 2017 年 5 月 24 日至 6 月 21 日,ST 生化与山西康宝生物制品股份有限公司(以下简称山西康宝)就本次重大资产重组事项进行前期电话探讨过程,其间上市公司从未对外披露任何相关重组事项的信息,也未就重组事项作出任何董事会决议、股东大会决议,重大资产重组事项的真实性有待深究。自 6 月 21 日起,ST 生化因重大资产重组申请长期停牌,6 月 28 日 ST 生化公告要约收购事项及重大资产重组事项。鉴于要约收购将对上市公司股价可能产生重大影响,ST 生化因重大资产重组申请股票继续停牌将对投资者的交易权及是否接受要约收购的投资决策产生影响。特别是 8 月 17 日 ST 生化公告终止与山西康宝的重组事项,重新选定标的资产,而该标的资产的前任法人股东为宁波普奥思生物科技有限公司(以下简称普奥思),该公司法定代表人为振兴集团之法定代表人史珉志,普奥思也是 2015 年 ST 生化重大资产重组的标的资产之一,自 2015 年 1 月 27 日起停牌近 9 个月后,终止对其的重组计划。2017 年 9 月 21 日 ST 生化最终公告决定终止本次重大资产重组。

面对前述多重疑惑,广大投资者存在诸多疑问,主要关注 ST 生化本次重大资产重组是否真实?是否存在忽悠式重组的可能?是否拟利用重大资产重组事项进行长期恶意停牌,拖延履行要约收购事项的信息披露义务,抵御、阻碍本次要约收购的正常开展,从而损害中小投资者自主交易权以及对要约收购的选择权?

投服中心认为,即便本次重大资产重组事项确实系在 6 月 21 日之前发生,ST 生化董事会、股东大会尚未对本次重大资产重组事项作出任何董事会、股东大会的决议,本次重大资产重组未经股东大会批准,重大资产重组也不属于上市公司从事的普通日常经营活动,依据《上市公司收购管理办法》第 33 条的规定,未经股东大会批准,自 6 月 28 日要约收购提示性公告后至要约收购完成前,ST 生化不应从事对外投资等对公司资产、负债、权益或者经营成果造成重大影响的行为,即不得进行重大资产重组。

投服中心密切关注本次要约收购的后续进展

自要约收购提示性公告之日起，要约收购已期满60日，要约收购的报告书及其他相关文件迟迟未能对外披露，直至11月2日才披露要约收购报告书及其他相关文件。9月14日ST生化公告，振兴集团起诉上市公司和浙民投，请求法院判令浙民投停止对ST生化实施要约收购，并要求上市公司和浙民投赔偿损失1.57亿元。

依据《上市公司收购管理办法》第7条、第8条的规定，被收购公司的控股股东或者实际控制人不得滥用股东权利损害被收购公司或者其他股东的合法权益；被收购公司的董事、监事、高级管理人员对公司负有忠实义务和勤勉义务，应当公平对待收购公司的所有收购人，不得滥用职权对收购设置不适当的障碍，不得损害公司及其股东的合法权益。因此，ST生化的控股股东振兴集团及实际控制人应依照前述规定履行其相关义务，积极配合ST生化及其他信息披露义务人履行相关信息披露义务。ST生化的董事、监事、高级管理人员在要约收购过程中也应履行勤勉、忠实义务，积极配合ST生化及其他信息披露义务人履行信息披露义务，配合推进市场化的要约收购。

投服中心认为，市场化收购可以提升上市公司的经营效益，提高管理层的公司治理水平，有效促进上市公司的业务发展，广大中小投资者普遍欢迎有利于上市公司发展的市场化收购行为。ST生化的大股东、实际控制人、管理层应尊重中小股东的知情权、收益权、自主交易权以及对要约收购的选择权。投服中心将密切关注本次要约收购的后续发展，维护好中小投资者的合法权益。

ST 生化要约收购的成功意义重大

深圳证券交易所公布的要约收购明细显示,2017 年 12 月 5 日浙民投要约收购 ST 生化的预受股份数量达 1.465 亿股,超过要约收购前提条件提出的不低于6132 万股,远超浙民投 7492 万股的收购目标,要约收购宣告成功。本次要约收购是中小投资者集体积极行使股东权利的结果,对中国资本市场公开要约收购具有里程碑的意义。

投服中心始终关注要约收购的实质进展

投服中心作为小股东,密切关注并持续跟踪了此次事件发展及后续影响。2017 年 6 月至 12 月,ST 生化经历了重大资产重组、股票长期停牌、起诉要约收购方、要约报告书全文迟迟不能披露、控股股东协议转让、委托投票安排等事件,要约收购没有及时推进。投服中心高度关注、及时出手,于 11 月 26 日通过四大证券报等媒体公开发声,表明要约收购是市场资源合理配置的有效手段,广大中小投资者普遍欢迎有利于上市公司发展的市场化收购行为,呼吁 ST 生化及大股东、实际控制人、管理层尊重中小股东的知情权、收益权、自主交易权以及对要约收购的选择权,维护好广大中小投资者的合法权益。

要约收购的成功归功于中小投资者

浙民投获得本次要约收购的胜利主要归功于中小投资者的认可及支持。数据显示,除去原控股股东振兴集团持有的股份、其他限售流通股以及浙民投与一致行人原持有 ST 生化的2.51% 股份,可参加本次要约收购的全部流通股数量为 1.94 亿股,而本次有效预受股份达 1.47 亿元,股东出席比例高达 75.5% 。要约收购作为上市公司股东的一次重大事项表决,是中小股东积极参与公司重大决策、公司治理的有效体现,如此之高的出席比例也创下了中小股东进行集体行权的记录。

长期以来,中小股东行权、维权意识较为单薄,常常怠于行使其享有的股东权利、不参与上市公司治理及决策,例如,中小股东参与上市公司年度股东大会的人数较低,通常仅为个位数,造成上市公司存在“一股独大”,重要决策全部由大股东、实际控制人或管理层所实际控制等现象。而此次 ST 生化中小投资者积极行权、自主选择,对要约收购的成功发挥了非常重要的作用，也成为中小股东参与公司治理及决策人数最多、意义重大的典型案例。

本次要约收购具有重要标杆意义

要约收购、协议收购、场内市场集中竞价收购等是资本市场兼并收购的主要方式，成熟的资本市场均比较青睐市场化的要约收购。市场化的要约收购具有公平、公正、公开等特点，要约收购方以市场化的方式、充分披露原则向上市公司所有股东发出股份收购要约，中小投资者享有与大股东相同的价格溢价出售股份的权利，获取投资收益。这一市场化的收购方式符合中国资本市场的发展趋势，有助于优化上市公司股权结构及资源整合，有利于市场资源的合理配置，有利于改善上市公司治理水平并引导市场进行合理价值投资。

自 1993 年“宝延风波”以来，中国资本市场少有市场化要约收购的成功案例，本次要约收购的成功将成为中国资本市场公开要约收购的标杆，进一步推进要约收购在中国资本市场的广泛运用。同时，要约收购符合证券交易的“三公”原则，对完善我国资本市场，促进上市公司实质性并购重组，降低内幕交易的发生，保护中小投资者合法权益具有重要意义。

中小股东对收购方及上市公司给予厚望

对于本次要约收购，投服中心希望收购方浙民投不辜负广大中小投资者的信任及支持，珍惜本次来之不易的成功收购，信守承诺，真诚对待中小股东；希望上市公司在此次收购后积极拓展血液制品业务及上下游领域，改善上市公司治理水平，健全公司内控制度，建立市场化运营机制，提升公司经营效益，让广大中小投资者获益；希望广大中小投资者持续关注上市公司未来发展，主动行使股东权利，积极参与上市公司治理。

雅化公司的行为应当阻止

2016年7月15日,深市上市公司四川雅化实业集团股份有限公司(以下简称雅化公司,股票代码002497)发布了公司董事会通过的公司章程修订的公告。公告一出,在市场和投资者中引起了广泛热议,也引起了监管者的关注。深交所及时发出了监管问询函,六问雅化公司。之所以引起热议和关注,是因为章程修订的目的是阻止公司被市场化收购,其核心内容是增加收购人的收购难度,其方式方法涉嫌违法。投服中心对此非常关注,对公司章程修订的内容和问询函的回复内容进行了研究,发现雅化公司章程修订的内容不但多处违法,而且还打着保护广大中小投资者合法权益的旗号,"挂羊头卖狗肉"。作为专为中小投资者服务的公益性机构,投服中心认为,广大中小投资者是欢迎市场化并购重组的,它对公司做优做强有利,也对中小投资者有利;但反对违法并购重组、虚假并购重组和忽悠式并购重组,这会使公司受害,使中小投资者受损。

根据公告,雅化公司本次章程修订涉及13个条款,主要内容涉及两个方面:一方面是针对收购人,设置收购障碍,增加收购难度和成本;另一方面是针对公司董事和高管人员,保障他们的利益。

章程修订突破了法律的既有规定,主要体现在:(1)信息披露。将《证券法》中规定的投资者持股达到公司总股本5%及之后每次增减5%时,应履行的信息披露和报告通知义务进行了修改,降低为3%,并对报告通知的对象和方式作了改变;以此为前提规定了收购人应承担的法律责任。(2)公司治理。将《公司法》规定的特别决议"应由出席股东大会的股东所持表决权的三分之二以上通过"的规定,变更成"四分之三",并将特别决议的内容扩大到"恶意收购";将《公司法》中关于董事任期届满后须有股东大会不设条件的再行选举的规定,改变成"该届董事会任期届满的,继任董事会成员中应至少有三分之二以上的原任董事会成员连任",并限制了股东大会选举董事的人数,即"在继任董事会任期未满的情况下每一年度的股东大会上改选董事的总数,不得超过本章程所规定董事会组成人员的四分之一";将《公司法》中董事长由董事会以全体董事的过半数选举产生的规定,改变成"以全体董事的三分之二以上多数统一选举产生"。

除此之外,章程还在两个方面进行了不当规定:(1)收购人的定性,规定了恶意收购。将“在未经公司董事会同意的情况下通过收购或者一致行动人等方式取得公司控制权的行为，或违法公司章程，或公司股东大会在收购方回避的情况下以普通决议认定的属于恶意收购的其他行为”定性为恶意收购；(2)设置了对公司董事和高管人员巨额赔偿金。即“在发生公司被恶意收购的情况下，任何董事、监事、总裁或者其他高级管理人员在不存在违法犯罪，或不存在不具备所任职务的资格和能力，或不存在违反公司章程规定等情形下于任期未届满前被终止或解除职务的，公司应按该名董事、监事、总裁或其他高级管理人员在公司任职年限内税前总额的十倍给付一次性赔偿金，上述董事、监事、总裁或其他高级管理人员已与公司签订劳动合同的，在被解除劳动合同时，公司还应按照《中华人民共和国劳动合同法》另外支付经济补偿或赔偿金”。

雅化公司章程修订的突破，其违法性是显而易见的，当属无效。就信息披露而言，《证券法》第 86 条规定的投资者持有上市公司已发行的股份达到 5% 时，应当自该事实发生之日起 3 日内，向国务院证券监督管理机构、证券交易所作出书面报告，通知该上市公司，并予公告。该条关于投资者在持有股份多少数量时、什么时间内、向谁报告、通知谁以及公告情形规定得再清楚不过了，这是投资者的法定义务。这条规定的基础是持股人的持股数量，并由此规定了持股人的法定义务，5% 是法定标准，达到就应履行相应义务，不履行就应承担相应的法律责任。这就意味着，法律允许投资者持股未达到 5% 时，无须履行《证券法》第 86 条所规定的义务。换言之，不披露，不进行公告、报告、通知是投资者的权利，任何人无权限制。法律这样规定，既鼓励市场化收购，给收购人一定的空间，又充分考虑大额持股或者收购对公司、公司股东以及市场所带来的影响，让他们充分知晓并以此决策。就公司治理而言，我国《公司法》对股东行使权利的条件、会议决议效力形式、会议程序等均作了严格规定。股东持股达到 3% 是其行使提案权的法定的唯一条件，不存在其他附加条件；以股份多数决为基础，我国《公司法》规定了一般事项 1/2 以上相对多数决，特别事项 2/3 以上绝对多数决为决议生效的前提，除此之外并不存在也不允许第三种形式的决议效力形式；公司的重大事项必须经过一定的法律程序方可有效。根据《公司法》的规定，董事的选举和更换必须经过股东大会。因而股东大会是董事产生或更选的必经程序，尽管可以连选连任，但前提是股东大会选上了才能连任。

不可否认，公司可以自治，公司章程也可以有任意条款。法律尊重公司的独立人格、独立财产和自由行为，尊重公司在创设、变更与消灭公司法律关系方面的自治精神。公司自治的主要手段是公司章程,公司章程作为充分体现公司自治精神的法律文件,堪称公司生活中的宪法,因而法律也尊重公司章程的自治。但是公司自治是有前提的,公司章程的任意条款也是有条件的,即必须遵守法律,以不违法违规为根本。一切违反法律法规的公司章程不但无效,还有可能承担由此造成的法律后果。

修订的章程将市场化收购定性为恶意收购,之所以不当,是因为这种定性是出于被收购人一部分人的好恶和利益而不是整个公司和全体股东的利益。市场化收购有利于市场资源合理配置、有利于公司更好发展、有利于投资者的价值发现,因而各国法律对其予以保护,监管机构对其予以鼓励。我国《公司法》《证券法》《上市公司公司收购管理办法》对此均有所规定,规定了要约收购和强制性收购,证券监管机构对其也同样鼓励。

对公司董事和高管人员巨额赔偿金的规定,之所以不当,是因为董事会自己给自己巨额赔偿金似乎瓜田李下。这种巨额赔偿的依据源自何处,程序是否正当值得推敲。据悉,雅化公司6名非执行董事中有3名为公司前十大股东。公司董事会单方面制定如此高额的赔偿金条款,特意维护董事及高管人员的地位意图明显,涉嫌利益输送。据统计,若触发此条款,雅化公司需要向其董事和管理层支付近960万元,占公司2015年净利润的8.1%。大大削减了公司的净利润,也严重损害了广大中小股东的利益。这样的提案,即使股东大会表决也应当是类别股东表决,还是让中小股东决定为好。

雅化公司董事会对公司章程的修订,为上市公司阻却市场化收购开了恶例,起到了很坏的示范作用,如不及时阻止,群起效仿,后果堪忧。我们认为市场化收购与反收购,是资本市场的正常现象,国内外屡见不鲜,法律也没有禁止公司反收购的行为。但是,反收购必须在法律允许的范围内,采取的也应是合法正当的手段。如果雅化公司章程的修订获得通过,将使现有的法律形同虚设,《证券法》规定的信息披露制度,《公司法》规定的公司治理制度将无法执行,市场化收购将不复存在,资本市场秩序将受到破坏,上市公司的利益和广大中小投资者合法权益必将受损。

第三章

维权小贴士

Handbook on Interests and Rights of Investors

第一节 投资者与中介机构纠纷介绍

一、不当代理

营业部客户经理涉嫌不当代理客户证券交易

纠纷概要

上海某营业部客户张某，向证监局投诉称：2015 年 7 月某营业部客户经理王某在未经他本人同意的情况下，多次擅自动用张某账户，为张某购买 1000 多万元股票，导致账户 58 万元损失。为此，张某要求营业部赔偿其相关损失。

主要事实

经了解，客户张某为该营业部非现场交易客户，其大多数委托为网上交易。同时发现，其两融账户在 2014 年 11 月至 2016 年 6 月，共有 5 个交易日发生营业部现场自助委托 55 笔，合计成交金额 175.88 万元。营业部根据这一异常现象，在第一时间与张某的客户经理王某进行沟通。王某称所有现场交易均因客户本人不便，客户通过电话或短信等方式对其委托指令，并授权交易密码要求其代为操作。经核查电话录音发现，部分日期的电话录音中客户较清晰地发出了委托指令，部分电话录音体现了客户对交易行为和结果的认可，但确有部分交易缺少相关录音或短信委托的证明。

调解过程

调解员经核查该客户经理的业务操作处理，确实违反了所在证券公司《证券代理买卖业务操作规范》中第6部分第1条第3款人工电话委托的相关规定:特殊大客户持相关证件到营业部签订《电话口头委托协议书》,由营业部指定专人用指定的录音电话接受客户委托。接受客户委托后,营业部把客户成交清单送至客户处,由客户签字确认,委托内容以营业部专用录音电话为准。

调解员分析该纠纷认为,该营业部客户经理王某接受客户指令代理客户操作的行为,不符合公司《证券代理买卖业务操作规范》中关于"人工电话委托"的相关规定,作为证券从业人员应知晓《公司证券从业人员执业行为管理办法》的相关规定。尽管王某辩称所有交易均由客户张某委托,但由于部分交易缺乏证据留痕,因此,其违反公司规定代理客户操作的行为存在明显的过错。营业部理应为其客户经理的行为承担相应的责任。

调解过程中,调解员首先指出营业部及客户经理的过错和责任,同时,与客户张某也进行友好沟通,指出其未谨慎保管交易密码的疏忽,也指出账户内相当长的时间内反复有交易,其却对之前的交易状况没有提出任何异议,对自身账户管理不够谨慎的问题。调解员合情合理的分析沟通,缓解了双方的对立情绪,客户张某的诉求从较高赔偿金额逐步下降,并愿意接受补偿性和解方案。调解员在现场依据事实,按照调解原则,在双方意愿的基础上不断缩小双方在补偿金额上的差距,最终以补偿金额38万元签署了调解书,双方友好和解并继续保持原有的合作关系。

案件点评

1. 作为经营机构必须强化员工的风险把控和合规管理意识,杜绝违反公司操作规程,私自接受客户委托的行为。

2. 投资者要注意,在投资过程中需要承担谨慎管理自身账户的责任,注意不要委托营业部个别员工个人代理交易。交易账号、交易密码一定要妥善保管,整个交易过程是否正确本人必须时时审核。按开户合同规定因泄露密码而发生的交易视同本人操作。投资决策一定要审慎。

3. 发生纠纷建议首选选择和解或者调解方式解决。调解的好处在于:一是可以减少诉讼程序的对抗性,促进当事人双方的互谅互让和友好合作,有利于在解决民事纠纷时维护双方当事人的长远利益和友好关系;二是程序灵活,可以快速、简便、经济地解决纠纷,缓解当事人的讼累,降低诉讼成本,达到解决纠纷法律效果与社会效果的有机统一;三是调解强调当事人积极参与,有利于当事人充分行使处分权;四是调解协议以合意为基础,更易为当事人所接受和自愿履行,可避免执行中的困难,实现调解与执行的有机统一;五是在实体法律规范不健全的情况下,当事人可以通过调解中的协商和妥协,探索双赢的结果。通过调解解决纠纷,对于有效化解各类投资或者服务纠纷,维护证券行业稳定发展具有十分重要的意义。

(个案分析加工,请勿对号入座)

直销代销各一词　双赢思维化纠纷

纠纷概要

2016 年年底,某财富公司发行了一些理财产品,张女士得知后,便向某证券公司理财经理表示购买意向。随后,张女士直接和某财富公司签订了直销合同,并直接划款至财富公司认购了该理财产品。但该理财产品后期出现了风险,未能如期兑付本金以及年化 10% 左右的收益。张女士认为,自己是从某证券公司得知的该理财产品的消息,因此产生纠纷,认为证券公司也应当对该理财产品的兑付承担责任;证券公司则认为,张女士是与财富公司直接签署合同购买的理财产品,并非购买证券公司的产品,故证券公司不应承担任何责任。双方当事人多次协商无果,后到投服中心申请调解。

主要争议

投服中心受理该纠纷后,调解员首先与证券公司联系获得相关信息,并和投资者联系获得签署的投资合同等相关材料。经过电话沟通和对获得材料的分析,调解员认为双方争议焦点主要体现在以下三个方面:一是张女士所购买的理财产品是否系证券公司所代销,是否存在不当推荐等违规行为。二是谁应该对张女士目前本金及利息不能回收的损失负责。三是证券公司和财富公司是什么关系。如果需要承担责任,应当承担多大的责任。

调解过程

调解员基于所收集的材料进行初步的法律判断,投资人张女士系与财富公司直接签署的理财产品合同;根据合同的相对性原理,合同的当事人即张女士和财富公司。证券公司在这个合同签署过程中也许在实际操作中存在一些瑕疵,但并无明确证据予以证明。

调解员同时注意到,张女士是证券公司的老客户,经常从证券公司购买理财产品;证券公司因为代销了部分财富公司的理财产品,因此与财富公司有较频繁的沟通;财富公司也在进行市场化的债务重组,对于投资者的理财产品兑付也出具了相应的方案,并已经得到大部分投资者的认可和落实,不过由于财富公司在其他省份,在投资者沟通方面存在不便。基于以上情势分析,调解员想出了三步走策略:第一步,让投资者能够接受财富公司的兑付方案;第二步,让证券公司能够积极配合协助解决该纠纷,由证券公司和财富公司积极对接和沟通;第三步,根据沟通结果签署相应的调解协议,并由证券公司负责督促财富公司落实。调解协议签署后,投资者收回了80多万元的本金投资款,其所投资的本金将近全部收回。

调解启示

在纠纷调解过程中,要以事实为依据,以法律为准绳。但是,“徒法不足以自行”,既要有法律思维,也要跳出法律思维,以解决纠纷为行为导向。

1. 合同的相对性原理

合同相对性是合同法的一个基本原则,是指原则上合同项下的权利义务只能赋予当事人或加在当事人身上,合同只能对合同当事人产生约束力,而非合同当事人不能诉请强制执行合同。从这个法律角度来思考,合同的当事人即张女士和财富公司,本纠纷中的张女士在自行向财富公司购买理财产品的情况下,如果主张兑付或者不能兑付后的责任,应当向财富公司主张,而不是向证券公司主张。虽然张女士提出证券公司存在代销乃至一些违规行为,但并无相关证据予以佐证,同时亦无法查证,故不能予以确认。所以,仅就事实证据和法律规定来讲,证券公司是不需要对张女士承担法律责任的。

2. 跳出法律思维构建双赢方案

在多次积极沟通后,张女士也深入地了解了合同的相对性原理,同时,对于财富公司所提出的偿还方案也有了认可,但是,如果直接和财富公司沟通,张女士还是不愿意接受。

考虑到证券公司已经为购买其代销产品的客户解决了这方面的问题,且张女士是证券公司的老客户。虽然本纠纷证券公司并无合同上的义务和责任,但是证券公司可以代替张女士与财富公司进行沟通,督促财富公司将相应款项偿付给张女士。最终,张女士给证券公司出具了授权委托书,证券公司积极督促财富公司对张女士进行了本金的偿付,实现了张女士和证券公司的双赢。

(个案分析加工,请勿对号入座)

“代客理财”风险大　全权委托须远离

案件基本事实

2015年7月湖南辖区客户王某委托某证券公司营业部经纪人张某帮助其操作股票,并主动提供了账户及密码。自2015年10月起,营业部经纪人张某开始为其代为操作买卖股票,开始有所盈利,因2016年1月后市场持续低迷等原因,该账户损失惨重,亏损近35万元。当月客户王某向证券公司投诉,以张某违规代其操作股票账户给其造成了经济损失为由,要求证券公司赔偿。同时客户向投服中心申请调解,希望中心能调解解决其与证券公司之间的纠纷。

主要争议

投服中心受理该纠纷后,联合当地证券业协会开展调解工作。在选定调解员后,调解员首先和证券公司联系获得相关信息,并和投资者联系获得签署的合同等相关材料。经过电话沟通和获得材料的分析,调解员认为双方争议焦点主要体现在以下两个方面:一是证券公司与客户的关系和职责;二是证券公司员工此种行为是否为职务行为,证券公司是否承担客户的财产损失。客户王某认为,张某系该证券公司的员工,张某违规代其操作股票账户导致其遭受损失,属于职务行为,证券公司应当承担赔偿责任,而证券公司却认为自己不应承担赔偿责任。

协调过程与处理结果

调解员经过分析认为,首先,客户王某与证券公司签订合同的行为属于民事行为,双方按照合同约定履行相应义务。证券公司在合同中明确提示证券投资的风险并且告知客户不得委托证券营业部员工买卖证券股票,而客户却私下将账户交给了营业部员工,严重违反了证券公司与客户之间合同的约定。其次,2009年《侵权责任法》第34条规定“用人单位的工作人员因执行工作任务造成他人损害的,由用人单位承担侵权责任”,因此判断职务行为是法人承担雇主责任的决定性因素。对于职务行为的认定,目前法律尚无具体的标准,在实践中,判断职务行为的标准不仅取决于是否履行了单位规章制度规定的相关条件和程序,而且应当从职务的范围、实施工作的名义、实施行为的目的判断是否为执行工作任务。(1)职务范围:是否为员工职责范围以内的权力;(2)名义标准:该行为的实施是否以“工作”或“职务”名义实施;(3)目的标准:员工是否是为了单位的利益。

按照以上的标准判断,本案中证券公司员工的行为并不是履行职务。第一,接受客户“全权委托”的交易行为不但不是证券公司的业务范围,而且是法律禁止的,证券公司的工作人员更没有这样的职权范围。第二,证券公司工作人员并不是以公司的名义进行操作,而是私下接受客户的委托。第三,证券公司工作人员并不是以公司获利为目的,而是以自己获利为出发点,证券公司并未获利。

调解员给王某解读《证券法》中明确规定的证券公司员工“全权代理”是违纪违法行为的相关法律知识,同时,营业部对经纪人张某解除了劳动合同,抚平客户王某的情绪与不满,客户王某放弃了自己向证券公司的损失赔偿主张。

调解启示

1. 对投资者而言,代客理财的风险巨大。投资者抱着盈利的美好愿景,凭着对证券从业人员的信任,就将自己的账户交给其操作,却往往忽略了其中的巨大风险。

2. 对证券公司而言,随着市场行情变幻莫测,员工违规代理客户操作账户的行为所造成的风险隐患会逐步显现。一旦因员工操作的客户账户亏损超出客户的承受能力,将引发客户投诉并认为营业部对经纪人管理工作不到位,还有可能引发法律风险。为防范风险,证券公司应在投资者教育、员工的合规培训和员工异常行为实时监控等方面采取预防工作措施。

(个案分析加工,请勿对号入座)

从业人员代销“非单” 经营机构是否担责

案情概要

2014年4月投资者冯某找到某证券经营机构营销人员王某,希望其能介绍一些高收益的投资产品。在了解到冯某需求后,营销人员王某向其提供并代销了某家私募基金的产品,此产品为非该经营机构代销的产品。发行方在该产品到期后(2015年4月)却无法兑付本金及收益,投资者冯某为此本金损失20万元。随后,投资者冯某多次找寻王某询问产品情况,并要求其退还所购买产品的本金,但王某却以发行产品公司不在属地等理由推脱。冯某认为,从业人员王某在该证券营业部向自己销售“非单”,证券营业部必然知晓并了解情况,故营业部应当承担起相应的责任,因此冯某找到该证券经营机构要求机构严惩王某并退还20万元本金,但机构以王某销售“非单”属于个人行为为由,表示机构不能出面解决,拒绝了投资者冯某要求。双方僵持不下,于是向投服中心申请调解。

主要争议

本案的主要争议点,集中在证券经营机构营销人员王某向投资者冯某销售非该经营机构代销的产品行为是属于王某的个人行为还是归于该证券经营机构的行为,以及证券经营机构在从业人员管理方面有无管理责任。

调解过程

经投服中心调解员核查,该证券营业部从业人员王某向投资者冯某销售的固定收益类基金产品并非该证券营业部代销的产品,而是王某帮朋友推荐的私募产品。根据《证券经纪人管理暂行规定》第11条的规定“证券经纪人在执业过程中,可以根据证券公司的授权,从事下列部分或者全部活动……向客户传递由证券公司统一提供的证券类金融产品宣传推介材料及有关信息”,王某的行为超出了证券公司授权的执业范围。据此,该王某向冯某销售非该经营机构代销产品的行为是王某的个人行为,但是证券经营机构在从业人员管理方面也存在工作不到位的瑕疵。

在调解过程中,调解员首先指出该证券经营机构从业人员王某的过错和责任,同时指出机构在从业人员执业管理上的瑕疵。机构也认识到自身在从业人员管理上存在瑕疵，于是向投资者冯某表示了歉意，同时向冯某解释说明王某销售“非单”的行为是其个人行为，公司确实不知晓，并承诺帮助冯某组织基金发行方、营销人员、投资者三方协商，维护投资者合法权益。随后，在机构的协调下，基金发行方与投资者冯某之间达成调解协议，由基金发行方返还投资者冯某本金 20 万元，双方纠纷得到有效化解。

案件评析

1. 各证券经营机构须不断加强营销人员执业规范管理，严格按照《证券经纪人管理暂行规定》及《证券业从业人员执业行为准则》的规定，规范从业人员在委托合同约定的职责范围内从事客户招徕和客户服务等工作。

2. 各机构应加强投资者风险教育，在营业场所显著位置公示本公司或本经营场所代销的基金产品，将营销人员的职责范围有效提示投资者，并加强投资者适当性管理工作，为投资者推荐与其风险承受能力相匹配的投资产品。

3. 投资者应以此为戒，树立正确的、理性的投资理念，勿受高利益诱惑，在购买证券经营机构代销基金产品时须全面了解产品的出处、风险等。

（个案分析加工，请勿对号入座）

二、金融产品开户与购买

开户测评泄答案　客户录像反索赔

案情概要

2015年3月湖北某投资者程先生了解到期货投资风险大但收益高,遂到某期货公司分别开立了商品期货账户和金融期货账户,后续半年操作有盈有亏,最后合计亏损20万元。2017年年初,程先生回想起期货公司在其开户时一位工作人员向其提示金融期货的风险测评答案,故认为期货公司风险测评作假,让其从不合格投资者变为合格投资者。程先生认为期货公司违背诚实信用原则,还提供了一段开户时偷拍的录像作为证据,于是要求期货公司赔偿其投资损失。而期货公司认为,根据公司各项内部管理制度和规范,公司员工必须向客户告知风险,并了解客户掌握期货知识的程度才可以办理开户,开户之后还有电话回访。根据当时的开户留痕资料,投资者程先生是合格投资者并具备期货开户条件。至于程先生提供的录像仅仅是偷拍,又是片段,也不够清晰,于是拒绝了程先生的赔偿诉求。双方僵持不下,遂向投服中心申请调解。

争议焦点

投资者程先生坚持认为,在开户时期货公司工作人员向其提示金融期货的风险测评答案是明显风险测评作假行为,还提供了一段开户时偷拍的录像作为证据。而期货公司认为,公司工作人员不存在向程先生提示风险测评答案的行为,同时认为偷拍的录像不能作为证据采信。显然,认定偷拍的录像能否作为证据予以采信以及查清程先生在开户时期货公司工作人员有无向其提示金融期货的风险测评答案的行为是化解本纠纷的关键。

调解过程

投服中心在了解基本案情后,分别从北京某期货公司和上海市东方公证处选派了期货和公证行业资深专业人士担任该案调解员。一方面,调解员告知投资者程先生应当根据自身能力审慎决策,独立承担投资风险,即便期货公司开户时存有瑕疵,也并不必然意味着由期货公司承担投资者的投资风险；另一方面，调解员对于期货公司开户时投资者所做金融期货基础知识测试的细节进行了核实，并与投资者所拍录像中的情况予以印证，认为期货公司在投资者开户时对于投资者适当性的审查确有问题。对于最关键的证据，具有多年公证行业从业经验的调解员也向双方解释，开户过程中的偷拍录像并不影响其在法律上的证明效力，但是因为拍摄过程中摄像头经常被袖口无意遮挡，以及所录声音并不清晰，对于证明效果会有所影响。

经过调解员的多轮耐心调解，双方强硬的态度终于有所软化，投资者程先生认识到作为投资者需要根据自身风险承受能力审慎决策，不应在明知自己不具备合格投资者条件的情况下从事高风险投资，表示愿意降低其诉求。期货公司也意识到员工开户操作时存有瑕疵，愿意对投资者予以适当补偿。最终，双方签署调解协议，由期货公司补偿程先生15万元，纠纷得到圆满解决。

案例点评

1. 投资者应当清醒地认识到，期货交易是典型的高杠杆交易，收益越大，风险越高，充分了解自身风险承受能力，谨慎对待高风险投资产品，特别是避免在明知自己不具备合格投资者条件的情况下从事高风险投资，给自身造成巨大损失。

2. 证券期货经营机构在开展业务过程中，对于投资者适当性管理工作要从严把关，对投资者风险偏好等进行分类，对产品分级，将合适的产品卖给合适的投资者，防范片面追求经济利益向风险承受能力不足的投资者推介高风险证券期货产品从而产生不必要的纠纷。尤其是在开户过程中，不能让风险测评“走过场”，更不能与投资者形成“默契”，蓄意违反适当性管理要求。

3. 在以往公证参与调解中，主要都是由公证员办理相关公证，较少以调解员身份直接参与调解，但此次成功调解充分体现出公证员参与调解所具有两大优势：一是公证员对于法律尤其是证据规则的熟悉，可以专家身份为各方释明具体证据的作用和效力。在该案中，客户最关键的证据系其在期货公司开户时使用摄录得到的视频，公证员的专业身份和细致解答让各方比较信服。二是公证员对于零和博弈中心理状况的了解。公证员在办理公证业务中，长期接触各类买卖、借贷等零和博弈的情况，一般对于双方心理都能够有一定程度的掌握，再通过一些谈判手段和技巧，对最终双方达成调解协议起到了非常重要的作用。

（个案分析加工，请勿对号入座）

理财产品有风险　专业调解化纠纷

案情概要

2016年8月投服中心接到一名湖南辖区投资者陈某的电话投诉,自述其2014年在某商业银行支行购买了某证券公司代销的理财产品13万元,其持有至2016年8月时发现亏损严重,由于无法接受亏损事实,便向某证券公司提出补偿的要求。希望中心能调解解决其与证券公司之间的纠纷。

争议焦点

在该纠纷中,证券公司作为销售方是否应当承担客户投资损失,双方各执一词。证券公司认为该客户是自愿认购,销售中并无误导行为,且该理财产品销售合同中已明确标识。经了解,理财产品简介中明确标识本集合计划属于证券投资产品中预期收益和风险均较高的理财品种,适合具有一定风险承受能力的投资者。而投资者陈某因缺乏投资经验,对产品风险认识不足,在购买理财产品亏损后才真正意识到其中的风险点。

调解过程

投服中心在了解基本情况后,征求双方调解意愿后受理了该起调解案件。投服中心通过联合当地证券业协会,共同调解此纠纷,与某证券公司、银行、客户三方多次进行沟通协调。在双方僵持不下的情况下,调解员采用背靠背沟通的调解方式,在证券公司方面,不断向其渗透加强投资者适当性管理制度的意识,建议强化客户适当性管理工作,完善其在保护投资者合法权益以及落实客户适当性管理工作中的相关措施;在客户陈某方面,向其充分说明在证券公司销售理财产品的过程中,并未发现证券公司违反法律和证券行业自律规范的行为。按照买者自负的原则,客户作为合格投资者,有责任对所购买的产品进行必要的了解,预判可能存在的风险,并且在出现投资失误的情况下独立承担投资损失。经过调解员的耐心调解,双方的态度有所缓和,客户情绪得到平复,逐渐能够理解并接受产品亏损的事实,不再为此事进行投诉。证券公司表示将尽自己最大的努力为客户进行产品赎回,该投诉纠纷最终圆满解决。

案件点评

1. 此案经过3个多月的反复沟通，调解员在其中做了大量的调解、劝说工作，最终成功调解结案，这其中倾注了调解员辛勤的劳动和丰富的调解智慧。

2. 面对客户陈某过高的诉求预期，调解员耐心客观地为投资者分析其投资行为，并向其灌输买者自负的投资理念，使投资者逐渐认识到其作为投资人应当承担的责任，并逐渐降低了投资者的诉求预期。

3. 在公司方面，调解员强调在投资者权益保护方面，应进一步加强投资者适当性管理的工作，并向其推荐适合其风险承受能力的产品，满足不同客户的投资需求。要从源头上减少和防止纠纷的发生，尽早消除误会，避免激化矛盾。

通过调解结案，投资者和公司在此投诉处理中均表示对调解工作的肯定和感谢，认为投服中心充分发挥了调解组织在维护市场主体合法权益方面的积极作用，既提高了证券公司对投资者权益保护工作的认识，也强化了公司在投资者保护方面的责任，较好地维护了证券市场的稳定发展。

（个案分析加工，请勿对号入座）

新股缴款引纠纷　账户余额须重视

案情概要

2016 年 8 月 2 日黄某收到某证券公司营业部给其发送的短信,通知其中签新股 2000 股,并要求在当日下午 4 时之前其保障资金账户中可用资金达到 2 万元以上,便于进行新股缴款。于是,黄某当天向其账户转款 2 万元用于缴纳新股认购款项。但是,黄某当天晚上查看账户时发现自己实际只获配了 1000 股。黄某认为自己已足额转账但未足额获配,怀疑是营业部挪用了其部分新股份额,于是要求营业部对其进行赔偿。营业部认为,营业部不存在挪用客户新股份额的情况,拒绝了黄某的赔偿诉求。双方僵持不下,于是向投服中心申请调解。

争议焦点

黄某认为,自己已经于规定的期限内向账户完成转款,账户余额应该足够,因此怀疑是营业部挪用了自己的新股份额,导致自己未足额获配。而营业部认为,营业部不存在挪用客户新股份额的情况,黄某未足额获配的原因应是其自身账户余额不足。显然,该纠纷的争议焦点是客户账户未足额获配新股的真实原因,查明这一点才能判明是非,进而化解纠纷。

调解过程

调解员在介入案件调解后,一方面,要求营业部核查当时通知客户黄某新股中签缴款的短信及录音。经核查,营业部通过短信和录音电话的方式已经通知了黄某关于新股中签及缴款事宜。在录音中,营业部明确说明了“请于在今日下午 4 时之前保障您的资金账户中可用资金达到 2 万元以上,以便于进行新股缴款。如您在下午 4 时之前账上的可用资金少于 2 万元,不足以缴纳您新股中签的款项,给您带来的损失由您自行承担”。另一方面,调解员要求营业部请求公司总部信息技术部门查询黄某 8 月 2 日的交易情况与银证转账情况。公司总部信息技术部门通过核查确定黄某于当日上午 9 时 14 分通过银证转账的形式转入现金 2 万元,但黄某在当天存在四笔买卖股票的行为,分别买入三笔、卖出一笔,截至收盘,黄某的可用资金仅剩 1 万元。因此，黄某仅获配了1000股。黄某的账户虽然通过银证转账转入了足够资金，但由于黄某当天存在证券交易情况，导致其账户余额不足以缴纳新股中签的款项。于是，经调解员协调，营业部安排客服人员登门拜访，向客户黄某提供了当日账户资金出入数据截图，就配售的股份进行解释说明，并且面对面回答客户的提问，听取了客户对营业部服务方面的意见与建议。通过电话沟通、上门解答等方式数次与客户黄某进行沟通后，客户黄某才接受现实，彻底消除疑虑，接受了营业部的解释说明，表示对营业部不予追究，同时撤销投诉，双方达成和解。

案件点评

1. 根据交易所首次公开发行股票网上发行实施细则的规定，资金不足以完成新股认购的资金交收，资金不足部分视为无效认购。投资者在得知自己新股中签后，要及时关注自己的账户余额，还要关注当天的证券交易情况对账户余额的影响，确保余额足够完成新股认购的资金交收。

2. 证券公司经过此次纠纷的调解也表示，将针对新股中签中经常发生的客户账户资金余额不足的情况，进一步加强服务工作，在通知客户时进一步提示客户注意证券交易情况对账户余额的影响，并且，每天下午4时之前都将再一次核查营业部内申购成功的客户资金是否足够进行缴款，并对账户余额不足的客户进行再次联系，提升服务水平。

（个案分析加工，请勿对号入座）

承诺收益不可信　投资理财防陷阱

案情概要

2016年11月某证券投资顾问有限公司业务人员张某找到投资者吴先生,推荐公司的一款“王牌”投顾产品,说是半年账户资产能翻番。吴先生听后表示很感兴趣,在简单了解情况后就与该公司签署合同,建立了投顾服务关系,并于当天交纳服务费2.8万元。在根据投顾产品推荐的股票操作半年后,吴先生的账户资产不仅没有翻番,反而轻微亏损。于是,吴先生找到该公司理论,认为公司违反承诺导致自己遭受损失,要求退还服务费2.8万元。但是,公司方面表示吴先生的亏损是由于证券市场行情波动造成的,拒绝了吴先生的赔偿诉求。双方僵持不下,于是向投服中心申请调解。

争议焦点

吴先生认为,该证券投资顾问公司业务人员张某向自己作出了资产翻番的承诺,自己才会购买该公司产品,而且张某对投资的风险只字未提,显然公司存在违规违约行为,应当退还服务费。而证券投资顾问公司声称未以任何方式向客户承诺或保证投资收益,且已经充分向吴先生提示投资风险,拒绝退还服务费。显然,该纠纷的争议焦点是该证券投资顾问公司业务人员到底有无向吴先生承诺收益以及有无充分揭示风险。

调解过程

调解员在介入该案件调解后,一方面,联系该证券投资顾问有限公司合规人员,要求其核查公司业务人员张某在向吴先生推荐产品时有无承诺收益的情形以及有无充分揭示投资风险。经核查,从当时签署的合同等文件来看,没有找到该公司业务人员张某向吴先生承诺收益的书面材料,张某也矢口否认自己曾口头向吴先生承诺收益。但是,公司方面也并未找到当时对吴先生进行风险评估、揭示投资风险的相关资料。另一方面,调解员建议吴先生提供公司业务人员张某向其承诺收益的相关证据材料,以较充分的理由来说服对方。吴先生表示,当时业务人员张某是口头说的半年资产翻番,找不到相关书面材料,不过张某在向其销售投顾产品时确实从未提及投资的风险。调解员在查看相关证据材料后,认为该证券投资顾问有限公司确实存在未向客户吴先生充分揭示风险的情形,未尽到投资者适当性义务。调解员与双方沟通后,该证券投资顾问公司考虑到客户服务工作做得不到位,同意退还吴先生服务费2.8万元。于是,双方当事人达成调解协议,纠纷最终圆满解决。

案例评析及启示

1. 投资者应清醒意识到证券投资咨询机构向其提供收益承诺是违法违规行为,并应充分认识股票市场的投资风险,不要轻信一些投资咨询机构业务人员的口头承诺。

2. 证券投资咨询机构要在合规的前提下为投资者提供理财服务,严禁口头或书面承诺收益,要充分向客户揭示投资风险,做好客户服务和适当性管理工作。

(个案分析,请勿对号入座)

融资融券须谨慎　机构资质要注意

案情概要

文某是一个自然人投资者,甲公司为一家投资咨询公司,经营范围为投资咨询(金融、证券除外)。文某拥有多年证券投资经验,而甲公司资金实力较雄厚,双方决定利用各自优势进行证券投资合作。2016 年 7 月 8 日双方签订《委托协议书》,约定甲公司与文某各出资 5 万元,双方共同实盘交易,由甲公司提供证券专用账户,文某将资金转入甲公司指定账户,并向甲公司支付管理费 0.2 万元。此后,文某利用甲公司提供的证券营业部开立的证券专用账户,使用双方共同出资的资金进行了 A 股股票交易。至合作期限届满,账户亏损共计 4 万元。甲公司认为,账户一直是由文某操作,因其操作不当导致亏损,亏损应由文某独自承担,只愿意返还文某剩余的 1 万元投资款。但是,文某认为甲公司作为投资咨询公司,其经营范围不包括从事金融、证券业务,双方签订的《委托协议书》违反法律规定而无效,要求甲公司返还已支付的管理费 0.2 万元,赔偿投资产生的经济损失 4 万元,共计 4.2 万元。双方闹得不可开交,于是向投服中心递交了调解申请。

主要争议

文某认为,甲公司作为投资咨询公司,其经营范围不包括从事金融、证券业务,双方签订的《委托协议书》违反法律规定而无效。甲公司却认为,自己同文某签订的《委托协议书》是双方真实意思表示,也没有违反国家法律、行政法规的强制性规定,文某的亏损都是由其自身的交易行为导致,因此拒绝了文某的诉求。显然,该案的争议焦点是双方签署的《委托协议书》是否成立,法律效力如何。

调解过程

投服中心调解员介入案件后,通过查阅类似纠纷的法院判例,认定文某与甲公司的行为在法律上属于借共同投资股票之名行变相融资融券之实。对于甲公司而言,首先,甲公司借钱给文某进行证券投资在本质上违反了我国法律法规的强制性规定,双方签署的《委托协议书》无效。根据我国《证券法》以及《证券公司融资融券业务试点管理办法》等规定,除证监会批准从事融资融券业务的证券公司可以向投资者出借资金用于证券投资外,其他任何企业均无资格向投资者出借资金用于证券投资。作为一家投资咨询机构,甲公司既没有证券业务资质,更没有证监会对经营融资融券的审查批准,不具备从事融资融券业务的资格。其次,甲公司将公司管理人员的证券专用账户提供给文某使用的行为也有不妥,如证监会制定的《证券登记结算管理办法》第22条明确指出"投资者不得将本人的证券账户提供给他人使用"。对于文某而言,作为具有投资经验的投资者,其理应知道甲公司无权从事融资融券业务,但仍与甲公司签订合同,并单独操作了账户内资金,其对损失也存在过错,不能主张由甲公司承担所有损失的赔偿责任。

调解员通过双方当事人面对面的交流对案件始末有了清晰的了解,通过背靠背交谈使双方当事人对各自的责任有了更深入的认识。在几番磨合下,最终双方都对诉求做了让步,甲公司答应退还文某全部管理费0.2万元,并负担一半的损失2万元,并返还文某剩余投资款3万元。

案件点评

1. 融资融券交易又称"证券信用交易"或保证金交易,是指投资者向具有融资融券业务资格的证券公司提供担保物,借入资金买入证券(融资交易)或借入证券卖出获利(融券交易)的行为。作为一种信用交易,其融资和融券的付出价值并不对等,具有杠杆效应,如果投资合理,投资者可用较少的资金获得较大的收益,因此受到不少投资者的青睐。然而,投资者的这种心态也使很多不规范的公司有机可乘,市场上出现了不少不具有经营融资融券业务的公司借钱给投资者炒股,在部分公司投资者甚至可以获得高达10倍的配资。这类社会配资门槛低、杠杆高、风险大,游离于监管之外,投资者的合法权益既容易受到侵害,也很难寻求法律保护。

2. 因此,投资者在从事融资融券交易时,要特别注意对方公司是否具有合法的业务资质。我国《证券法》第142条规定:"证券公司为客户买卖证券提供融资融券服务,应当按照国务院的规定并经国务院证券监督管理机构批准。"《证券公司融资融券业务管理办法》第3条明确规定:"证券公司开展融资融券业务,必须经中国证券监督管理委员会(以下简称证监会)批准。未经证监会批准,任何证券公司不得向客户融资、融券,也不得为客户与客户、客户与他人之间的融资融券活动提供任何便利和服务。"只有合法合规地从事证券投资,才能够使自身利益得到最大的保障。

(个案分析加工,请勿对号入座)

分级基金突遇“亏损” 专业调解化解误会

案情概要

2016年A证券公司某营业部的客户江先生买入了一款分级基金产品。某日,其账户本金在一夜之间下跌了近50%,江先生怀疑账户被营业部工作人员操作,要求营业部赔偿其全部损失并且当面道歉,否则将到证监局投诉。

主要争议

江先生认为,自己没有异常操作账户的行为,账户本金突然发生这么大的亏损,肯定与营业部的工作人员脱不了干系。而营业部辩称,已向工作人员认真核实情况,能保证工作人员没有任何违规操作江先生账户的行为,江先生账户本金的下跌是其购买分级基金正常的投资风险,营业部不用承担任何赔偿责任。显然,双方争议的焦点在于江先生的亏损是否由营业部工作人员操作账户导致。双方僵持不下,江先生向投服中心申请调解。

调解过程

投服中心选择了具有丰富的基金行业从业经验的调解员介入本案。调解员向营业部了解核实,原来江先生早前买入的这款分级基金产品遇到基金下折,结合分级基金的投资原理,调解员厘清了江先生账户本金出现巨额亏损的原因。

原来,江先生所购买的分级基金产品是将母基金产品分为A、B两类份额,A份额和B份额的资产作为一个整体投资,其中持有B份额的人每年向持有A份额的人支付约定利息,支付利息后的总体投资盈亏都由B份额的持有人承担。江先生一夜之间“损失”惨重的原因是由于分级基金的“不定期折算”机制,即当市场连续下跌时,分级B基金的净值也势必出现连续下跌,但分级B基金的净值不能无休止下跌,因为分级基金设计的初衷在于将A份额持有人的钱借给B份额持有人,A份额作为优先端必须保证本金安全。因此,当分级B基金下跌至某一个水平时,分级基金整体会触发下折,以保全分级A基金份额投资的资金安全。这里的“某一水平”即下折的阈值,多数分级基金的下折阈值设为0.25元,个别基金设为0.45元。当分级B基金的净值下跌至低于0.25元的阈值时,分级基金即整体触发下折,江先生的账户本金即因此发生相应缩减。

江先生听了调解员详细的讲解后,终于明白出现亏损的缘由,表示自己没弄懂产品的交易规则误会了证券公司,证券公司营业部则表示将进一步做好业务解释和客户沟通工作,至此双方握手言和。

案例点评

1. 投资者购买复杂的金融产品时一定要了解清楚产品的交易规则和风险大小,根据自身的专业能力、风险承受能力理性选择投资类型。股票型分级基金一般分为母基金份额和A、B两类子份额,三类份额具有不同的风险收益特征。母基金份额即为普通股票指数基金份额,具有较高风险、较高预期收益的特征,比较适合具有较高风险承受能力的配置型投资者。A类份额根据基金合同的约定可以定期获得约定收益,通常是在基准利率的基础上有所上浮,同时通过不定期折算等特殊机制,使B类份额以自身的净值保证A类份额的本金安全及约定收益,从而使A类份额体现类固定收益产品的特性,具有低风险、收益相对稳定的特征,比较适合保守型、偏好固定收益品种的投资者。B份额则获取扣除了A类份额的约定收益以外的母基金的全部收益或者亏损,具有鲜明的杠杆特性,因此,B类份额具有高风险、高预期收益的特征,比较适合偏好杠杆投资者的激进型投资者。

2. 证券机构对于复杂金融产品在销售前一定要做好投资者教育和适当性管理工作,增强客户对产品的风险认知。在遇到客户有不满情绪时,需要弄清客户不满的原因,有效解答客户疑问,不转移客户矛盾。

(个案分析加工,请勿对号入座)

安徽省证券期货业协会。

投资咨询夸大宣传　专业调解助力维权

案情概要

2016 年投资者吴某多次接到某证券投资咨询公司电话,业务员称该公司为投资者提供荐股服务,并宣称:“相信我们公司的实力,您可以先试下我们给您推荐的股票。”吴某抱着尝试的心态,于 2016 年 9 月缴纳了 1 万元购买该投资咨询公司 3 个月的荐股服务,并约定由黄某为投资者吴某提供服务。2016 年 11 月 2 日,黄某对投资者吴某说:“公司将要上市,需要业绩,给您提供‘黄金版’的荐股服务,您需要缴纳 48 万元咨询费,而且您拿 500 万元投资我推荐的股票,可以赚 1500 万元到 3000 万元。”投资者吴某遂缴纳 48 万元并签订《补充协议》,随后黄某向投资者吴某推荐了股票,但吴某购买股票后产生大额亏损。吴某便要求该公司终止合同并退还服务费,但是对方告知:“无法退款,钱已经投出去了。”吴某对公司答复极为不满,认为公司多次要求自己缴纳服务费并不提供服务是涉嫌欺诈的行为,要求机构退还服务费和 140 万元的账户亏损。

争议焦点

经过投服中心专家调解,该证券投资咨询公司承认在人员执业管理上存在瑕疵,但也提出在签署合约时多次向投资者提示风险,且投资咨询类的业务主旨在于提供投资咨询服务,股票账户由投资者自行操作。具体到纠纷金额上,双方争议的焦点在于 140 万元亏损是否应由投资咨询公司赔偿。吴某认为,黄某的所作所为代表了公司,向其宣传的内容若没有公司的授意是无法说出的。但该证券投资咨询公司坚持除黄某推荐的两只股票外,其他宣传内容均属黄某的个人行为,与公司无关。且投资者在接受服务后拥有自主选择操作权,黄某向投资者吴某提供投资咨询后,投资决策由投资者吴某作出,投资风险应该由投资者自行承担,故公司无法赔偿 140 万元损失。

调解过程

调解员经核查该公司员工黄某的宣传行为,发现黄某确实存在夸大宣传的行为,其行为不符合《证券投资顾问业务暂行规定》等相关规定。

调解员分析该纠纷认为，黄某向投资者提供的投资建议绝大部分没有合理的依据，不属于证券研究报告或基于证券研究报告、理论模型以及分析方法等形成的投资分析意见。该投资咨询公司未及时了解和更正黄某的行为，是公司执业管理、合规管理和人员管理的疏忽。

在调解过程中，调解员首先对黄某夸大宣传骗取投资者荐股服务费的行为提出批评，并指出公司存在人员管理不善的管理责任。同时，向投资者吴某解释机构仅提供投资咨询服务，投资决策是由投资者自身作出，投资决策所产生的风险应由投资者承担。鉴于机构执业人员存在夸大宣传行为和机构在管理上的缺失，调解员提出由机构退还服务费并适当给予投资者一定补偿的调解方案。由于调解员合情合理的分析沟通，缓解了双方的对立情绪，调解员在现场依据事实，按照调解原则，在双方意愿的基础上不断减少双方纠纷差异，最终促成双方达成投资咨询公司退还 48 万元服务费并终止服务协议，同时补偿投资者 20 万元的调解协议。在调解员的见证下，双发签署了调解协议及终止服务合同协议书等相关文件。

案例点评

1. 投资咨询公司应加强自身人员的执业素养，完善机构合规、人员、培训等管理机制，强化员工的风险把控和合规管理意识。同时，各机构应加强投资者培训，培养其良好的投资心态，帮助其理性投资。

2. 发生纠纷建议选择和解或者调解。调解的好处在于：一是可以减少诉讼程序的对抗性，促进当事人双方的互谅互让和友好合作，有利于在解决民事纠纷时维护双方当事人的长远利益和友好关系；二是程序灵活，可以快速、简便、经济地解决纠纷，缓解当事人的讼累，降低维权成本；三是调解强调当事人积极参与，有利于当事人充分行使处分权；四是调解协议以合意为基础，更易为当事人所接受和自愿履行，可避免执行中的困难，实现调解与执行的有机统一；五是在实体法律规范不健全的情况下，当事人可以通过调解中的协商和妥协，探索双赢的结果。通过调解解决纠纷，对于有效化解各类投资或者服务纠纷，维护证券行业稳定发展具有十分重要的意义。

（个案分析加工，请勿对号入座）

三、金融产品交易与佣金

资金无法正常划转　调解“化干戈为玉帛”

案情简介

投资者刘先生因要偿还银行贷款,卖出部分股票 30 万余元,但当其通过交易系统准备将账户中的资金划转至银行卡时,系统提示“可取资金余额不足”。刘先生认为按照交易规则,股票卖出的资金 T+1 日清算交收后应处于可取状态,于是拨打证券公司的客服电话查询原因,客服人员查询客户的交易记录后告知刘先生,由于其开通了一款保证金类的理财计划,系统将其账户的资金自动投资该产品,理财资金当日可用,取款则需要提前一天预约。刘先生坚持其从未购买过此类产品,要求证券公司立即返还资金,并要求券商赔偿由于未能及时偿还银行贷款产生的利息。

主要争议

双方的主要争议在于:刘先生坚持认为其从未购买过该理财计划产品,而证券公司表示客户刘先生确实购买过该理财计划产品。调解员在开展调解之前,通过核查客户交易记录了解到刘先生半年前通过非现场交易方式自助开通了保证金类理财计划,在网上签署了相关产品的风险揭示书及电子合同,且风险承受能力与该理财计划风险等级相匹配,产品运行情况良好,证券公司并没有误导客户开通理财计划的行为,且客户近半年一直没有资金划转。

调解过程

调解员在掌握客户开通该理财计划的过程及事实后,首先将客户订制产品的时间和该产品的运作方法向刘先生作了简单说明,并表示由于距离开通的时间较长,且该产品是收市后自动触发的现金理财,平时交易时间不妨碍股票交易,客户对该事情没有印象是十分正常的事情。由于温和的解释方式给客户一个台阶下,既明确了责任,又缓和了气氛,使双方不再对立,为下一步的调解做好充分的准备。接下来,证券公司也表示该现金理财计划具有较大优势,使客户的闲散资金在非交易时间进行理财,增加了客户投资收益,且收益相对比较稳定,风险较低,消除了客户对该产品的抵触心理,增加产品的认同感,更拉近与客户之间的距离,为进一步解决问题打下良好的基础。此时,刘先生的心情逐渐平复,语气也渐渐缓和。调解员提出,请证券公司人员现场为刘先生详细讲解产品申购赎回、现金划转的具体操作,并提醒刘先生注意操作后及时确认是否生效,确保资金可以顺利转出。通过调解员的耐心讲解以及证券公司专业的指导,刘先生对该理财计划有了全面的了解,也表示放弃之前的索赔主张,纠纷得到圆满解决。

案例评析及启示

1. 在纠纷调解过程中,调解员恰当的言语表达及适当的调解手段运用,对调解结果可起到事半功倍的效果。“一句话可以叫人笑,一句话也可以叫人跳”,调解员适当的定心话,是调解纠纷的前奏曲,是促成纠纷得以解决的前提。例如本案,初次接触客户时,调解员不是一味地强调公司行为的合法性,把责任全部推到客户的身上,而是委婉地表达了由于时间较长,且是系统自动执行,客户对此没有印象,淡忘了,很正常。首先,消除了客户的对立情绪,为后续的协商、解释创造了一个良好的氛围。其次,从产品特点角度出发,分析理财计划的开通并未给客户造成损失,相反增加了稳定收益,消除客户对产品的抵触,且拉进与客户的距离。最后,站在客户的角度考虑,请证券公司人员就产品的日常操作给予专业的指导,增加了客户对公司的信任。通过消除隔阂、培养感情、理性分析等一套组合调解手段,充分化解矛盾,圆满解决纠纷。

2. 为预防类似的纠纷发生,证券公司可对投资者购买产品定期进行提醒提示,提高客户服务质量,避免对投资者造成损失。

3. 投资者在购买相关产品后,也要对自己的购买的产品及时予以关注,避免因长时间不关注而产生不必要的麻烦。

(个案分析加工,请勿对号入座)

赵苏,投服中心本案调解员,从业于北京证券业协会。

交易佣金不该是本糊涂账

案情概要

最近,广州的老王遇到了烦心事。本来好好地在 A 证券公司开户,佣金费率多年来一直是 0.8‰,前两个月隔壁 B 证券公司客户经理小邹找到老王,说"我这边只收 0.4‰的佣金",老王一时心动,就转户去了 B 证券公司。转户到 B 证券公司并交易一段时间后,一查才发现 B 公司的佣金一直按 0.8‰收取,此外在多笔交易中还收取 5 元的佣金。老王十分气愤,感觉自己被欺骗了,于是找到 B 证券公司理论,要求 B 公司退还多收佣金的同时给予合理赔偿。B 公司翻查老王开户资料和相关留存档案、回访录音等资料,未发现老王对佣金收取标准提出异议或申请调整佣金的任何材料。客户经理小邹也表示,未曾给予老王佣金 0.4‰的承诺。对于其中的 5 元佣金问题,根据证监会《关于调整证券交易佣金收取标准的通知》(证监发〔2002〕21 号)的规定,A 股每笔交易佣金不足 5 元的按 5 元收取,因此该项收费合规合理。老王对 B 公司的说法十分不满,于是拨打"12386"热线投诉。

主要争议

双方主要争议在于,老王坚持认为 B 证券公司的客户经理小邹曾口头允诺 B 证券公司只收取 0.4‰的交易佣金,但 B 证券公司却认为从核查老王的开户资料和相关留存档案、回访录音等资料,未发现老王对佣金收取标准提出异议或申请调整佣金的任何材料,而且客户经理小邹也矢口否认关于 0.4‰的交易佣金的承诺。

调解过程

"12386"热线接到投资者老王的投诉后,通过广东证券期货业协会将老王的投诉转 B 公司履行首要处理责任。广东证券期货业协会积极督促 B 公司处理好该起投诉,积极履行首要责任,同时还建议公司就开户佣金事宜进行全面自查,确保收费公平合理。第二天,B 公司工作人员拿着老王的开户资料和录音,以及相关政策文件,向老王当面沟通说明。老王表示,对 5 元一笔的佣金收费无异议,但要不是客户经理小邹承诺按 0.4‰收取佣金,他怎么会转到 B 公司呢? B 公司称老王口说无凭。老王不服气，于是再次拨通“12386”热线表达对B公司的不满，要求退还多收佣金的同时给予合理赔偿。眼看双方“剑拔弩张”，自行和解无望，广东证券期货业协会指派专业调解员进行调解。

调解员在开展现场调解之前，先向A公司调取老王此前的佣金收费凭证，再向B公司分析说理。首先，虽然老王不能提供相关证据，但其在转至B公司前交易佣金一直是0.8‰，促使其转户的原因很可能就是佣金费率的优惠。其次，券商通常会对营销人员有业绩考核要求，一些营销人员为了业绩，常常会以口头承诺低佣金的方式招揽客户，等投资者开户后，当初的承诺便抛诸脑后。鉴于此，调解员向B公司提出，希望对退还部分佣金的问题认真核查并重新考虑解决方案。另外，调解员对老王晓以利弊，建议其在目前证据不足的情况下，退让一步接受调解方案，达成双方共赢。老王在听完调解员有理有据的讲解后，最终与B公司达成调解协议，由B公司向老王退还部分佣金，老王也继续留在B公司进行交易。同时B公司也优化证券账户开户流程，增加签署佣金标准确认文件的环节，避免以后与客户之间产生纠纷。至此，纠纷也得到顺利解决。

案件点评

1. 投资者在证券公司开立证券账户时，不能轻易相信营销人员口头的承诺，应当充分关注和审阅开户合同中的重要条款比如交易佣金等，切实维护自身权益。

2. 证券公司在为客户开立证券账户过程中，要加强对营销人员营销行为的管理和监督；对于合同中的重要条款应当予以重点提示和说明，并做好相关的留痕工作，避免以后产生纠纷。

（个案分析，请勿对号入座）

韦宗强，投服中心本案调解员，广东证券期货业协会。

程序交易出故障　风控系统应完善

案情概要

2017年5月投服中心接到某期货公司的电话,反映投资者李某投资了该公司于2016年6月发行的某程序化交易的期货资管产品600万元,产品存续期为1年。2016年8月,因程序化交易软件出现异常,资产份额净值在某夜盘交易时间连续跌破0.9元的预警线及0.85元的平仓线,净值跌至0.6元才被该期货公司委托的某投资顾问公司风控人员发现,并通知期货公司关闭该期货账户的开仓交易权限。投资者李某认为期货公司风控措施不到位,导致其亏损约240万元,提出赔偿全部亏损的要求。由于双方无法达成和解,该期货公司遂向投服中心提出申请,希望能调解与李某之间的纠纷。

主要争议

在该纠纷中,在产品净值连续单边大幅向下波动并连续跌破预警线和止损线时,由于期货公司未能及时止损导致的投资者损失,是否应当承担赔偿责任,双方各持己见,互不相让。

期货公司认为,已经明确告知投资者资管合同虽然设置有预警止损线,但在极端情况下,资产委托人投入的本金也有可能出现全部损失的风险,因此,该资管产品损失的风险应由投资者自己承担。投资者则认为,该产品发生资产份额净值大幅下跌时,该产品合同约定投资的标的价格并未发生异常波动,并不属于合同约定的极端情况;投资者损失是因某期货公司及某投资顾问公司的风控人员未能做到勤勉尽责并及时发现异常交易导致的资产份额净值大幅下降,因此投资损失应该由该期货公司承担。经调查核实,交易程序是由某投资顾问公司编写的程序化交易软件自动下达交易指令,且由于某期货公司所采用的风控系统在期货夜盘时并不更新净值数据,导致风控人员看到的净值是白天收盘时的净值,并不知晓实时净值已大幅下跌。

调解过程

投服中心在了解基本情况后,经征询李某调解意愿后受理了该起案件。投服中心从当地期货业协会选派了期货行业资深专业人士担任该案调解员。一方面，调解员告知李某按照买者自负的原则，客户作为合格投资者，有责任对所购买的高风险产品进行必要的了解，预判可能存在的风险，并且在出现投资失误的情况下独立承担投资损失；另一方面，调解员向某期货公司释明由于其自身风控系统问题导致的投资者损失并非合同约定的极端情况，不能免责。此外，也告知该期货公司，投资顾问公司的程序化交易软件出现的异常交易，根据双方的投顾协议，期货公司也可以向其追究相关责任。经过调解员多轮背靠背及面对面的耐心调解，双方的强硬态度均有所缓和，客户逐渐能够理解并接受产品亏损的事实，某期货公司也承认自身在风控上存在瑕疵，愿意适当补偿投资者李某。最终，双方签署调解协议，由某期货公司补偿李某止损线和清盘线之间的投资损失，纠纷得到圆满解决。

案例点评

1. 投资有风险，入市需谨慎。投资者在投资期货类高风险资管产品时，应充分了解产品类型及交易结构，充分评估程序化交易的产品可能存在的风险，谨慎选购该类产品。期货公司也应进一步加强投资者适当性管理的工作，并向其推荐适合其风险承受能力的产品，匹配不同客户的投资需求。

2. 期货交易是典型的高杠杆交易，对于投资者而言，期货交易大幅增加了盈利机会，同时也高倍放大了交易风险。期货公司在开展程序化交易等创新业务时，应强化风控体系建设，实时更新产品净值，确保资管合同约定的平仓止损等投资策略有效实施，切实保护投资者合法权益。

（个案分析，请勿对号入座）

信息泄露生投诉　耐心讲解化坚冰

随着大数据时代的到来,个人信息安全越来越受到重视,证券市场因个人信息泄露带来的纠纷也层出不穷,下面这起案例就是典型的因个人信息安全泄露导致的纠纷事件。

案情概要

客户李某致电某证券公司客服专线投诉该证券公司泄露客户本人的联系方式。在投诉电话中李某称,近期反复接到陌生骚扰电话宣传推销非法投资业务,深受其扰。李某回想自己在某证券公司开立过证券账户,留下了个人联系方式,因此怀疑该证券公司泄露其联系方式,要求证券公司予以解决问题。证券公司表示,公司员工严格按照规定执行客户信息保护制度,保护客户信息安全,不存在泄露客户资料的情况。双方各执一词,僵持不下,于是向投服中心申请调解。

主要争议

李某坚持认为,因为自己在证券开户的过程中留下了联系方式,所以证券公司泄露自己联系方式的嫌疑最大,要求证券公司对该问题予以解决。但证券公司认为,公司内部所有员工都严格遵守客户信息保护的有关规定,不存在泄露李某联系方式的情形。查清李某联系方式究竟是通过何种渠道泄露是化解本纠纷的关键。

调解过程

投服中心调解员在介入该纠纷后,一方面,认真聆听李某诉求,引导李某描述诉求的重点,并进行详细记录。随后向李某解释目前有些不法机构通过通信运营商任意截取手机专段号并随意呼出,此外手机、电脑等遭遇木马程序植入也可能造成信息泄露。调解员还表示会尽力帮助查出信息泄露的源头,解决李某的烦恼。另一方面,调解员要求证券公司营业部协调公司总部技术人员对李某的手机进行检测。经检测,李某的手机因下载某款软件时被植入木马程序,导致联系方式泄露。证券公司通过客户李某提供的骚扰电话号码,安排工作人员进行回拨测试,接通后向对方表明身份,并要求对方立即停止假借证券公司名义进行骚扰、欺骗客户的行为。李某在得知检测结果以及证券公司积极要求不法分子停止侵害后,表示是自己对证券公司产生了误解,同时还表达了愿意与证券公司达成和解的意愿。证券公司也表示,下一步将加大对客户信息的保护力度,做好客户服务工作。至此,双方最终达成和解,纠纷得到圆满解决。

案例评析

1. 目前各类骚扰电话、短信是各行各业面临的共性问题,且近年来相关案件数量呈上升趋势。实际上,证监会一直以来高度重视证券市场客户资料的保护工作,先后制定发布了《证券公司内部控制指引》《关于加强证券经纪业务管理的规定》等规定,要求证券公司建立健全客户资料管理制度及保密机制。证券公司应当加强内部管理,建立完善的客户信息管理制度,对客户资料实行严格保密,非依法律法规规定、监管报送、客户同意或客户身份识别的需要,不得向任何单位或个人提供。

2. 一般而言,这类纠纷的客户大都通过投诉渠道进行情感上的宣泄,需要得到工作人员对其精神上的安抚及关注。在该案例中,调解员以良好的服务态度、耐心的倾听方式、合理的解释赢得了客户的认同,也避免了客户对证券公司的不信任及投诉升级。

3. 当前随着互联网的广泛应用,非法证券投资不断翻新花样,以不同的面目窃取投资者信息,并进行非法宣传。因此,投资者不要轻意向外界提供个人信息,在接到不明身份的陌生投资宣传电话时,要认真核实对方身份,谨防上当受骗。同时,也可向监管部门或"12321"网络不良与垃圾信息平台举报受理中心反映相关问题。

(个案分析加工,请勿对号入座)

刘丹岳,投服中心本案调解员,从业于湖南证券业协会。

资产管理违背营销约定　专业调解助力理性维权

纠纷概要

2014年3月20日投资者王某了解到某证券公司“某集合资产管理计划”,当时该集合资产管理计划营销宣传时明确表示“不直接投资二级市场,利用机构优势申购新股,进出费用全免”,王某购买了120万元该产品,截至2015年8月,该产品累积发放红利82万元。于是,王某又陆续追加购买了310万元产品。

2014年5月9日上海证券交易所、深圳证券交易所分别出台了《上海市场首次公开发行股票网上按市值申购实施办法》和《深圳市场首次公开发行股票网上按市值申购实施办法》,规定采用网上按市值申购方式首次公开发行股票,投资者须持有一定市值的二级市场股票,才可以根据其持有市值对应的额度网上申购新股。由于新股认购规定变更及二级市场行情波动,2015年11月王某购买的基金净值跌至约0.5元。投资者下载了产品管理报告,发现2015年一季度通过二级市场配置的股票资产占比高达63%。王某认为,管理人某证券公司在持有人不知情的情况下自行决定增大二级市场投资,并严重违背营销宣传时“不直接投资二级市场”的承诺。王某认为,对方存在误导性宣传,导致其购买的430万元该资产管理计划产品遭受损失,并主张造成的246万元损失的赔偿。

争议焦点

经过投服中心专家调解,证券公司承认其理财操作违反了合同约定,但提出投资者在合同履行中事实上已经知晓该产品已经投资于二级市场,但仍然追加投资,所以投资者也存在过错。具体到赔偿金额上,双方争议焦点主要在于82万元的投资收益的归属权以及损害赔偿是否应当合并计算问题。王某认为,82万元红利是自己应得的投资收益,在计算证券公司给自己造成的损失数额时应予以剔除。但某证券公司坚持,在计算损失时应当将82万元红利合并计算,也即就投资者主张的246万元剔除82万元后由证券公司承担约70%的过错责任,由此得出赔偿数额约等于114万元。

调解过程

调解员在对纠纷双方开展调解工作之前,对双方争议点进行了系统的法律分析,在具体损失数额的计算方法上借鉴了最高人民法院发布的审判指导意见,引用了损益相抵原则,当受害人所遭受的损害和所获得的利益是基于对方同一违约行为而发生,即违约既使受害人遭受了损害,又使受害人获得了利益时,法院应责令违约方赔偿受害人全部损害与受害人所得利益的差额。调解员通过引用类似法院司法判例为投资者提供了专业的咨询讲解,投资者在听完调解员的讲解后,表示同意扣除 82 万元,最终双方在中心达成调解协议,投资者接受了 114 万元的赔偿,证券公司并赔礼道歉。仅仅历时 1 周多时间,双方纠纷得到有效化解。

案件点评

1. 证券期货经营机构在资产管理业务中擅自超出约定的投资范围进行理财操作,应当承担相应的过错责任。投资者受到此类损失,应积极依法通过调解、仲裁或者诉讼等渠道维护自己的权益。其中,通过调解方式解决纠纷,具有申请便捷、程序简便、周期短等优势,而且,目前投资者服务中心的专业调解服务对中小投资者是免费的,通过与人民法院的诉调对接安排,调解结果也能够获得人民法院的效力确认,因此,调解解决纠纷具有比较明显的优势。

2. 投资者要主动了解证券期货市场相关规定,避免资金投向违规的产品。在该案中,投资者承担了部分过错责任,这也提醒广大投资者,不能因为短期的利益而忽视投资风险,以免给自己带来更大的损失。

(个案分析加工,请勿对号入座)

投资者成功索赔上市公司虚假披露

纠纷概要

2012年甲上市公司因披露的公司年报隐瞒重大关联交易,构成虚假陈述,被证监会行政处罚。根据最高人民法院《关于审理证券市场因虚假陈述引发的民事赔偿案件的若干规定》,投资者在甲公司虚假陈述行为实施日至揭露日之间购买甲公司证券,在虚假陈述揭露日或者更正日及以后,因卖出该证券发生亏损,或者因持续持有该证券而产生亏损的可以向甲公司索赔。在诉讼时效内,该公司有160名投资者以证券虚假陈述侵权责任纠纷为由向法院起诉,要求甲公司赔偿投资者股价下跌损失1500万元。法院立案后,将案件委托给投服中心进行调解。

主要争议

投服中心受理该案后,指定经验丰富的调解员负责调解。经调解员与案件双方多次耐心沟通,双方均接受调解,调解程序正式启动。经分析,本案争议焦点有二:调解员围绕争议要点,分别分析双方的主张是否合理。一是损失计算方法。通过收集整理相关司法判例与实务资料,调解员梳理归纳了各种买入均价的计算方法并比较各方法优劣,将双方当事人各自坚持采用的方法进行一一核算。二是系统风险扣除比例。司法解释对"证券市场系统风险等其他因素"规定得较复杂,调解员整理归纳了司法判例中关于系统风险的认定及扣除比例计算方法,着重参考了司法实践中"佛山照明案"和"万福生科案"的系统风险比例的计算方法,对本案的系统性风险进行了测算。

调解过程

经过前期的测算,调解员围绕损失计算方法的统一、系统性风险的扣除比例、和解款项的支付期限等问题,先后多次做双方当事人的调解工作,特别是以有代表性的司法判例为依据,释法明理。一方面,让甲公司对其行为的法律后果及法律责任有了正确的认识,明确只有诚恳调解、积极赔偿才能修复上市公司信誉。另一方面,让投资者充分认识股市投资行为本身存在的风险以及股票市场的系统风险,逐步引导投资者调整过高的赔偿期望值，根据法律的规定，理性参与调解。通过耐心的沟通、交流，调解员重新树立了双方当事人对调解解决该纠纷的信心，不断化解双方的抵触情绪，帮助双方加强信任、增强共识，最终引导双方就损失数额、扣除比例、付款期限等问题达成了和解方案。根据和解方案，调解员与双方确认细节问题，形成了最终的和解协议。在调解员的见证下，双方当事人正式签署和解协议，上市公司当场赔偿 160 名投资者 850 万元，双方对调解结果均表示满意。

调解启示

1. 一般而言，上市公司虚假陈述侵害的投资者人数众多，但具体到个案真正起诉的股民比例仍很少，不排除一些股民不知可以索赔或者认为金额较小索赔意义不大，但确有很多股民在权益受到损害时无动于衷，并不是不知道可以索赔，而是仍旧抱着固有的观念，出于对国内诉讼或非诉解决环境的不信任、不了解而放弃索赔，待到前期索赔股民拿到赔偿时又因已过诉讼时效而懊恼不已。据此，投服中心建议广大投资者特别是中小投资者在遇到此类侵害时，可以自身或者委托代理人积极通过诉讼、调解等方式维护自身合法权益。

2. 通过调解解决纠纷具有成本低廉、程序便捷、意思自治、促进和谐以及不公开等突出的优势。在本案中，通过调解员的调解，投资者在较短时间内拿到了合理的赔偿，及时、充分地保护了合法权益。甲公司也减轻了诉讼对其造成的负面影响，并通过积极赔付，维护了企业形象。与此同时，本案涉及的投资者众多，纠纷的成功调解，也为维护证券市场和社会的稳定提供了有力支持。

（个案分析加工，请勿对号入座）

四、账户销户、清结与索赔

转户销户并不难　了解流程是关键

案情概要

2016年3月某交易日的上午10点,客户王某步履匆匆地来到某证券公司营业部柜台,拿出身份证说要办理销户。他表示从外地赶来,目前已经在外地券商营业部开设了证券账户,但无法进行股票买卖,外地营业部告知他需要去原营业部办理销户。客户王某说他停留的时间有限,要赶晚班飞机回去,因此希望营业部能尽快为其办理销户手续。柜台人员在核查客户身份信息无误后,查询到这位客户属于三方存管上线但一直未办理存管关系的客户,其资金账户上还有少量的资金余额。于是,柜台人员告知客户他的这种特殊情况,如果办理销户需要前往原指定三方存管银行办理上线,将资金转出后方能办理销户,因为原存管银行网点距离营业部较远,销户需要较长的处理时间。王某听闻后情绪激动,认为柜台人员故意拖延,有意不为其办理销户手续,于是尖声叫嚷:"我要投诉!"同时向湖南省证券业协会和投服中心申请调解。

争议焦点

王某由于自己时间非常紧迫,担心晚上不能按时赶到机场,认为营业部柜台人员有意阻挠,故意为难不为其办理销户手续。而营业部认为客户王某是因为不了解销户流程而产生误会,根据规定如需办理销户需要前往原指定三方存管银行办理上线,将资金转出后方能办理销户。

调解过程

投服中心调解员在了解相关情况后,一方面,请王某来到了调解室,耐心向王某解释销户的业务流程,平复王某激动的情绪;另一方面,与外地的券商营业部联系,咨询其关于王某在当地无法使用证券账户买卖股票的相关情况。经过与营业部沟通,营业部表示根据最新的交易规则,投资者可以在多个券商开设证券账户,之前的证券账户只需要办理撤销指定等手续即可,不是非要办理销户。在了解这个情况后,鉴于销户手续在原指定三方存管银行办理上线并将剩余资金转出耗时较长，调解员向王某建议先行办理撤销指定交易，解决其在外地的券商营业部无法进行交易的问题。王某对于调解员提出的方案半信半疑。为打消王某的疑虑，调解员用王某的手机当场拨打了其外地营业部的柜台人员电话并将免提打开，在电话中与对方券商工作人员确定了原营业部只需要撤销指定交易，王某在外地营业部的股票账户便可正常交易。最终营业部工作人员以最快捷的解决方案为王某成功办理了证券账户撤销指定业务，让客户在最短的时间内完成了业务办理，解决了客户在外地营业部无法进行账户股票操作的问题，纠纷得到圆满解决，王某也顺利赶上了飞机。

案例分析及启示

1. 为保护投资者的合法权益，证券市场施行的证券托管和资金第三方存管模式，使证券转销户流程较复杂，客观上也给投资者造成了转销户难的感受。因此，投资者须了解关于证券账户转销户的相关流程，合理预留转销户的时间。同时，为了保证证券交易不受影响，投资者可以在新指定交易券商处先开立账户，然后再办理转托管（或撤销指定交易）和资金划转。

2. 随着资本市场创新发展，证券业务复杂度有所增加，本案的纠纷主要是源于客户不了解业务流程而产生误会，客户会产生这样的误解，说明由于人的经验、情况并不完全相同，营业部在差异化服务方面还有很大的提升空间。在为客户办理转销户业务时要及时准确地掌握客户的交易、工作、生活等各方面的必要信息，从而有针对性地为客户提供便捷的服务。市场服务机构始终要抱着一颗服务无止境、耐心化坚冰的态度去逐一化解各类型投诉纠纷事件，避免类似投诉事件的发生。

（个案分析加工，请勿对号入座）

刘丹岳，投服中心本案调解员，从业于湖南证券业协会。

继承业务办理难　纠纷调解来帮忙

案例概述

2016年9月李某前往某证券营业部咨询如何办理由其母亲继承其父亲的证券账户的手续。该证券营业部工作人员建议李某,首先需要前往该证券营业部打印其父亲的账户清单等文件,然后将打印的相关文件拿到公证处办理相关证券业务继承公证。遗产若想由李某母亲继承,需要办理相关人放弃遗产公证,具体办理细节建议李某详细咨询公证处。

随后,李某在公证处办理了公证后将相关公证书带往营业部办理遗产继承手续,并提供了自己及兄弟姐妹4人共4份放弃遗产公证书。但该证券营业部发现李某提供的公证书中没有写明李某母亲是该证券账户唯一合法继承人的结论,于是营业部拒绝为其办理继承业务。同时,该营业部表示若是由李某母亲一人继承该证券账户,需要李某母亲本人亲自前往营业部开立证券账户。李某认为,自己父母就4个孩子,现在李某和兄弟姐妹4个都办理了放弃继承其父亲证券账户的公证,营业部还要求公证书中要有其母亲是唯一继承人的结论是不合理的。而且,李某母亲已是高龄,行动不便,无法前往营业部开立证券账户,营业部要求其母亲本人必须到现场办理并开立证券账户是有意为难自己办理遗产继承手续,由此产生纠纷。

投资者李某来到投服中心,申请调解其与该证券营业部继承业务办理纠纷。

争议焦点

在本纠纷中,营业部要求李某提供的公证书中要有李某母亲是唯一继承人的结论,而李某认为自己提供的4份放弃遗产公证书足以证明自己母亲为唯一继承人,营业部不予办理是在故意阻挠。同时,营业部要求李某母亲本人必须到现场办理,而李某认为,自己母亲行动不便,在第一次咨询营业部时,营业部并没有提出相关要求,是故意刁难行为。

调解过程

经过投服中心调解员核查,该证券公司营业部工作人员在回复李某办理条件上确实存在瑕疵。首先,该营业部工作人员未在首次沟通时强调李某母亲需现场开立证券账户才能办理继承业务的要求。其次，该营业部工作人员没有耐心同投资者李某详细讲解公证书所需要件，没有向李某解释清唯一继承人公证的重要性。由于双方的沟通不顺畅，使投资者李某反复前往营业部处理该业务，李某难免有被营业部故意阻挠办理的感觉。

调解员了解情况后，向投资者李某耐心解释，根据《继承法》第10条的规定："遗产按照下列顺序继承：第一顺序：配偶、子女、父母。第二顺序：兄弟姐妹、祖父母、外祖父母。继承开始后，由第一顺序继承人继承，第二顺序继承人不继承。没有第一顺序继承人继承的，由第二顺序继承人继承。本法所说的子女，包括婚生子女、非婚生子女、养子女和有抚养关系的继子女。"证券公司办理继承业务需唯一继承人公证的原因是无法明确账户继承人到底有几个，只有唯一继承人公证书才能规避非婚生子女等纠纷风险，也是为了保护李某父亲账户能依法被继承，并不存在故意为难的情形。为了解决这个问题，调解员向李某建议其可向当地派出所申请出具家庭成员证明来证明目前其家庭只有其母亲和李某四兄妹，结合李某四兄妹的放弃继承的公证，也能证明其母亲是唯一继承人。考虑到李某母亲已是高龄，行动不便，无法前往营业部开立证券账户，调解员建议营业部上门为其母亲开立证券账户。

在调解员合情合理的分析沟通下，双方情绪有所缓解，自愿达成调解协议。由证券营业部为李某母亲上门提供开户服务，同时李某去当地派出所申请出具家庭成员证明，解决"唯一继承人"问题。营业部收到李某提供的4份放弃遗产公证书、当地派出所出具的家庭成员证明、授权公证书等资料后，认可了李某母亲为唯一继承人，并为其办理继承业务。

至此，纠纷得到圆满解决。

案例点评

1. 各证券期货经营机构应加强客户服务工作。在客户咨询和办理业务时，尽量做到耐心、细致，将业务各个流程向客户解释说明清楚，避免产生不必要的纠纷。

2. 投资者在遇见此类情形时，要多与工作人员沟通交流，了解清楚自己办理相关业务需要的文件手续，同时在相关专业机构办理文件手续时，也要同专业机构加强沟通，尽量将相关手续办理齐全，避免造成不必要的麻烦。

（个案分析加工，请勿对号入座）

刘唯玮，投服中心调解员。

五、调解效力与执行

证调对接为调解协议提供效力保障

纠纷概要

投资者张女士于 2015 年 4 月与某证券投资咨询公司签署了投顾协议。由于期间市场波动较大,投资者损失近 80 万元。后投资者以没有及时提醒市场风险为由向该投资咨询公司申请赔偿。投资咨询公司称公司按照合同约定仅仅提供信息参考,具体账户操作权在投资者自己手中,且账户信息只有投资者本人知道,损失数额也无从考证等为由进行抗辩。双方当事人多次协商无果,后到投服中心申请调解。

主要争议

投服中心受理该纠纷后,鉴于案件相对复杂,因此组成了 3 名调解员的普通程序对案件进行了调解。经过电话沟通和多次现场调解,调解员认为双方争议焦点主要集中在以下三个方面:一是投资咨询公司与投资者签署投顾协议后合同双方各自应当履行怎样的权利义务;二是投资咨询公司没有及时向投资者提醒市场风险与投资者造成的直接损失之间的因果关系如何认定;三是双方过错比例如何分配。

调解过程

经调解员合议认为,投资咨询公司按照投顾协议约定提供有偿服务没有违法违规行为,但是针对市场异常波动的情况没有及时有效对当事人进行风险提示;张女士通过二级市场进行投资,没有充分了解证券期货市场风险,做好风险防范措施。双方当事人均有一定的过错,应当承担相应的民事责任。按照上述标准和方向,在调解员的不懈努力下双方最终达成一致,机构以抚慰金的形式支付投资者 30 多万元。双方对调解结果均表示认可。但是,由于双方存在对调解协议是否能够执行、纠纷是否再生反复的担心,对调解解决该纠纷仍存有疑虑。为此,投服中心向双方介绍了可为调解协议提供协助公证的服务,并说明了公证对保障调解协议效力的作用,双方均同意对调解协议进行公证。经投服中心与公证机关协调,双方当事人在投服中心协助下于协议签署后第三天共同到调解协议签署地的公证机关办理了公证手续，通过公证的手段固化了调解协议证据效力，提高了调解协议的执行力。

调解启示

公证和司法确认、仲裁一样，是调解协议效力保证的重要方式和路径，相比之下，公证具有自身的特点和优势。

1. 公证相对于司法确认的优势

一方面，针对调解协议条款，司法确认需要进行严格的审查，实践中针对不能进行强制执行的条款法院一般不予以确认。《公证法》明确规定了公证机关可以公证的范围和不予以公证的事项，范围相对较为宽松，具有较好的包容性，可以满足实践中纠纷双方一些特殊和解条款的固化需要，可使调解协议取得证据加强效力，有明确的给付内容的可以获得强制执行的效力，有效避免纠纷的反复。另一方面，《民事诉讼法》规定，申请司法确认调解协议由双方当事人共同向调解组织所在地基层人民法院提出，而调解协议的公证不受地域管辖的限制，双方当事人可以灵活进行选择。

2. 公证相对于仲裁的优势

一是在时间方面，《公证法》规定，公证机构应当自受理公证申请之日起 15 个工作日内向当事人出具公证书，《中国国际经济贸易仲裁委员会仲裁规则》规定，仲裁庭应在组庭后 6 个月内作出裁决。实践中，即便按照调解与仲裁对接的模式，仲裁机构也不是简单地将调解协议进行确认盖章，仍然要按照立案、审查、确认的模式进行，周期要长于公证，本案调解协议的公证仅用了 3 天的时间。二是在前置程序方面，仲裁需要以当事人达成的仲裁条款为前置条件，而公证不需要该前置条件。三是在费用收取方面，公证和仲裁的费用主要是按照合同标的或者计件收取，各地标准也不同，但实践中仲裁的收取比例远远高于公证，如调解协议达成金额为 10 万元，按照北京地区标准仲裁费约 4500 元，公证费用约为 300 元。

通过调解方式解决证券期货纠纷，具有申请便捷、程序简便、方式灵活、成本低廉等优势，但调解协议本身不具有强制执行力。为满足纠纷调解效力保障的需要，投服中心通过成功开展证调对接实践，已经初步建立了证调对接机制。投服中心今后将在继续推动调解与诉讼、仲裁对接的同时，通过与各辖区相关公证部门的合作，开启证调对接绿色通道、协调降低公证费用等，进一步加强调解与公证的对接工作。

（个案分析加工，请勿对号入座）

司法确认为纠纷调解协议提供效力保障

纠纷案例

2014年5月投资者杨女士在某证券公司开立融资融券账户并签订了《融资融券业务合同》。2015年12月27日因杨女士账户的维持担保比例低于140%,证券公司在通知杨女士提高账户维持担保比例未果后对其账户资产进行了强制平仓。针对证券公司的强制平仓行为,杨女士认为证券公司违反了交易所规定的维持担保比例130%的规定,要求证券公司赔偿其50万元以上、100万元以内经济损失。双方当事人多次协商无果,后到投服中心申请调解。

受理该纠纷后,投服中心调解组分析认为证券公司根据其与投资者的约定,自主约定高于交易所维持担保最低比例的比例,属于其经营过程中自主采取的业务风险控制措施,并未违背法律法规的强制性规定。但证券公司与投资者开立的《融资融券业务合同》中关于维持担保比例以证券公司公告为准的条款应属于格式条款,证券公司作为提供格式条款的一方,未完全充分尽到对该条款的提示、说明义务,在合同签订中存在一定的瑕疵。同时,以相关司法判例为基础获得了投资者的理解,降低了索赔金额。在此基础上,双方就该纠纷的责任认定和赔偿金额达成了和解协议。

针对双方对调解协议是否具有法律效力、是否会发生反复的担心,投服中心解释了可以提供调解协议司法确认的协调服务,为调解结果提供效力保障。在投服中心的协调推动下,经双方申请,投服中心所在地人民法院为该纠纷调解协议作出民事裁定,确认双方达成的由证券公司弥补投资者损失40万元并终局解决该纠纷的调解协议有效,明确当事人应当按照调解协议的约定自觉履行义务,一方当事人拒绝履行或者未全部履行的,对方当事人可以向人民法院申请执行。据了解,这是迄今为止首单获得人民法院司法确认的证券期货纠纷调解案例。截至目前,投资者已经在调解协议约定的期限内收到了证券公司全额补偿款,该起纠纷得到了妥善彻底解决。

背景介绍

通过调解方式解决证券期货纠纷,具有申请便捷、程序简便、方式灵活、成本低等优势,但调解协议本身不具有强制执行力。为此,我国《民事诉讼法》专门规定了调解协议的司法确认制度，该法第 194 条明确，申请司法确认调解协议，由双方当事人依照人民调解法等法律，自调解协议生效之日起 30 日内，共同向调解组织所在地基层人民法院提出。《关于在全国部分地区开展证券期货纠纷多元化解机制试点工作的通知》（法〔2016〕149 号）也明确提出“经试点调解组织主持调解达成的调解协议，具有民事合同性质。经调解员和调解组织签字盖章后，当事人可以申请有管辖权的人民法院确认其效力”。不过，此前关于司法确认实施的具体规定主要见于人民调解和诉讼调解相关司法解释，专业调解的司法确认缺乏有针对性的操作依据，相应的案例鲜见于实践中。

案例启示

从实践看，司法确认一方面能赋予调解协议法律强制效力，确保其执行；另一方面能有效防范纠纷的反复，对增强调解的权威性公信力吸引力，充分发挥调解在市场纠纷化解中的作用具有十分重要的意义。投服中心在上述纠纷案例中，加强与人民法院的协调，探索专业调解司法确认的程序流程，成功推动完成了首单调解协议的司法确认，标志着证券期货纠纷调解司法确认机制的实际开启。在实际操作上，做到了当天申请，当天即获得法院民事裁定，非常便利高效，且不收取任何费用。针对异地投资者的司法确认申请，投服中心提供公益律师免费为投资者申请司法确认提供代理服务，所以，无论本地还是异地投资者，均能便捷获得投服中心司法确认的协助服务。投服中心作为法〔2016〕149 号文件规定的试点调解组织，正逐步将司法确认机制覆盖全国各地试点法院，并将用足用好司法确认手段，完善相关机制，促进调解工作开展，切实维护中小投资者合法权益。

（个案分析加工，请勿对号入座）

第二节　投资者与上市公司纠纷介绍

——以虚假陈述为例

一、虚假陈述构成要件之信息重大认定

证券虚假陈述案件中信息重大性的认定

当上市公司因虚假陈述被证监会行政处罚后，投资者往往面临是否可以起诉索赔的困惑。确定案件是否构成证券虚假陈述，需要从多角度进行分析，判断信息的重大性便是证券虚假陈述案件需要确定的重点和难点。

我国证券立法中有关重大性标准的规定

目前我国对上市公司信息披露重大性标准的规定在《证券法》《上市公司信息披露管理办法》等多部证券法律法规中都有所规定。《证券法》第67条第1款规定："发生可能对上市公司股票交易价格产生较大影响的重大事件，投资者尚未得知时，上市公司应当立即将有关该重大事件的情况向国务院证券监督管理机构和证券交易所报送临时报告，并予公告，说明事件的起因、目前的状态和可能产生的法律后果。"同时，该条第2款以列举的方式对"重大事件"作出了12项规定。

2007年发布的《上市公司信息披露管理办法》第30条第1款亦规定："发生可能对上市公司证券及其衍生品种交易价格产生较大影响的重大事件，投资者尚未得知时，上市公司应当立即披露，说明事件的起因、目前的状态和可能产生的影响。"第2款也具体列举了21项"重大事件"。

最高人民法院《关于审理证券市场因虚假陈述引发的民事赔偿案件的若干规定》第17条对证券市场虚假陈述作了定义，同时规定对于重大事件，应当结合《证券法》

第59条(现第63条)、第60条(现第65条)、第61条(现第66条)、第62条(现第67条)、第72条(现第78条)及相关规定的内容认定。

重大性标准

在证券虚假陈述案件中,通常法院在认定有关信息是否符合重大性要求时,除参照以上法律法规外,亦会结合以下标准来确定,从而判断投资者损失与被处罚人虚假陈述行为之间是否存在因果关系。

1.“投资者决策”标准,即以投资者作为判断信息是否具有重大性的中心。投资决策是指投资者为了实现其预期的投资目标,对投资的必要性、投资目标、投资规模、投资方向、投资结构、投资成本与收益等经济活动中重大问题所进行的分析、判断和方案选择。该标准不仅适用于初始信息披露阶段,也适用于信息持续披露阶段。其典型代表是2006年修订的《公开发行证券的公司信息披露内容与格式准则第1号——招股说明书》所规范的招股说明书披露要求,其中第3条规定:“本准则的规定是对招股说明书信息披露的最低要求。不论本准则是否有明确规定,凡对投资者做出投资决策有重大影响的信息,均应披露。”按照“投资者决策”标准,法律要求一律从理性投资者的角度出发来考虑重大性,如果一项信息对于投资者的决策确有重要意义,那么该信息就是重大的,必须及时、全面、准确地进行披露;反之,义务人不需要披露这项信息,即使披露,一般也不承担虚假陈述的责任。

2.“证券价格影响”标准,指以某一事实对于证券价格是否会产生较大影响作为判定其是否具有重大性的标准。该标准主要适用于上市公司持续性信息披露阶段。《证券法》第67条第1款规定“发生可能对上市公司股票交易价格产生较大影响的重大事件,投资者尚未得知时,上市公司应当立即将有关该重大事件的情况向国务院证券监督管理机构和证券交易所报送临时报告,并予公告,说明事件的起因、目前的状态和可能产生的法律后果”,即体现了这一标准。

典型案例

(一)案号:(2013)穗中法金民初字第82号

(二)案情

2010年11月11日财政部发布的《会计信息质量检查公告(第十八号)》指出,财政部驻深圳市财政监察专员办事处对被告某上市公司2008年年度会计信息质量进行了检查，发现该公司所属广州番禺某公司将合同违约金在“预收账款”科目长期挂账，少计营业外收入236万元；所属某房地产有限公司多计2008年度财务费用374万元，达到预计可使用状态的商业街仍在“开发成本”科目中核算，出租部分少计投资性房地产965万元，自用部分少计固定资产734万元。针对检查发现的问题，财政部驻深圳市财政监察专员办事处已对被告处以1.5万元罚款，并要求该公司调账补税。被告已按照要求进行整改，已缴纳相关罚款，并补缴相关税款。

原告杨某和魏某认为，被告的虚假陈述行为使原告蒙受重大损失，特提起诉讼，请求法院判令被告赔偿原告因其虚假陈述而给原告造成的投资损失。

（三）本案的争议焦点

1. 被告被财政部处罚的信息披露行为是否构成虚假陈述？

2. 被告被财政部处罚的信息披露行为与原告投资被告股票的投资损失之间是否存在因果关系？

（四）法院观点

焦点一：

基于证券市场的一般规律是“大盘看走势，个股看业绩”（上市公司的业绩是投资者选择股票时重要考量因素，上市公司的业绩越好，越能吸引投资者投资）。被告少计了企业利润，只会导致年报中披露的业绩比实际业绩差，不会成为吸引投资者购买被告公司股票的元素，因而对投资者不会产生误导作用。而少计投资性房地产965万元，自用部分少计固定资产734万元，从会计规则角度看只是错列了会计科目，并不属于违背事实真相的虚假记载、误导性陈述，或者在披露信息时发生重大遗漏、不正当披露信息的行为，况且上述少计行为对公司的资产总额影响额也很微小（资产总额影响额566万元，占2008年年度合并财务报表的比例为0.11%；负债及所有者权益总额566万元，占比0.11%；利润总额影响额43万元，占比0.12%；所得税费用影响额10万元，占比0.03%；净利润影响额32万元，占比0.09%）。综上所述，被告被财政部处罚的信息披露行为不构成虚假陈述。

焦点二：

被财政部处罚信息公开的当天，被告的被处罚对其股价走势基本没什么影响，次日其股价走势与大盘以及房地产板块走势基本一致，因此原告诉称的投资被告公司股票所造成损失，应是由证券市场系统风险等其他因素导致，与被告被处罚的信息披露行为之间并无因果关系。

实务小结

在证券虚假陈诉案件中,法院并不一定因上市公司违法违规行为被行政处罚就认定相关信息具有重大性,而往往会深入分析相关信息对投资者决策的影响,对整体股价的影响(如所涉及的财务数据对公司资产总额、负债及所有者权益总额、利润总额、所得税费用、净利润等报表项目影响额的大小)等因素来对相关信息进行定性。

二、原告资格认定

投服中心对证券虚假陈述案件提起支持诉讼中适格原告的确定方法

所谓“适格原告”,是指对于特定的诉讼有权以自己的名义提起诉讼,成为诉讼当事人的资格,是诉讼的前提条件。在证券虚假陈述案件中,判断原告主体是否适格的主要法律依据是最高人民法院公布的司法解释《关于审理证券市场因虚假陈述引发的民事赔偿案件的若干规定》(以下简称《若干规定》)的相关规定。《若干规定》是最高人民法院为正确审理证券市场因虚假陈述引发的民事赔偿案件,规范证券市场民事行为,保护投资人合法权益,结合我国证券市场实际情况和审判实践,专门制定的司法解释,对虚假陈述案件具有重要指导意义。

投服中心根据相关规定对证券虚假陈述案件中适格原告的确定主要有以下几点。

前提条件:行政处罚决定、法院的刑事裁判文书等

根据《若干规定》,投资人以自己受到虚假陈述侵害为由提起诉讼索赔的,应当以有关机关作出的行政处罚决定或者人民法院的刑事裁判文书等为前提,且该行政处罚决定或人民法院的刑事裁判文书等需要在起诉时作为证据提交给法院。此外,投资者对虚假陈述行为人提起民事赔偿的诉讼时效期间为两年,自行政处罚决定公布之日,或者刑事裁判文书生效之日起计算。

换言之,上市公司的虚假陈述行为尚未被证监会或派出机构等相关行政机关做出行政处罚的,或刑事裁决文书尚未生效的,不能提起诉讼索赔;证监会或派出机构等相关行政机关作出的行政处罚决定已经超过 2 年的,也不能再提起诉讼索赔。

提交身份证明及投资损失证据资料

投资者提起虚假陈述证券民事赔偿诉讼还须提供包括原被告的身份证明文件、进行交易的凭证等投资损失证据材料。

在投服中心支持起诉的虚假陈述案件中,申请的投资者应当提供清晰、可辨认

的下列证据材料:(1)投资者的身份证件复印件;(2)加盖证券公司营业部印章的中国证券登记结算有限责任公司账户查询单以及证券账户开户确认单;(3)加盖证券公司营业部印章的被告单只股票纸质版对账单及电子版对账单(Excel格式)等。

投资者应当确保所提供证据的真实性和合法性,并须在规定的时间内提供有效、完整的证据材料。同时,不得伪造证据或提供虚假信息,否则投资者将自行承担诉讼不利的法律后果及相应的法律责任。

虚假陈述与损害结果之间存在因果关系

投资者提起索赔诉讼,还应当证明虚假陈述与损害结果之间存在因果关系。

《若干规定》从正反两方面规定了虚假陈述与损害结果之间因果关系的确定和排除方法。《若干规定》第18条规定,投资人具有以下情形的,人民法院应当认定虚假陈述与损害结果之间存在因果关系:(1)投资人所投资的是与虚假陈述直接关联的证券;(2)投资人在虚假陈述实施日及以后,至揭露日或者更正日之前买入该证券;(3)投资人在虚假陈述揭露日或者更正日及以后,因卖出该证券发生亏损,或者因持续持有该证券而产生亏损。第19条规定,被告举证证明原告具有以下情形的,人民法院应当认定虚假陈述与损害结果之间不存在因果关系:(1)在虚假陈述揭露日或者更正日之前已经卖出证券;(2)在虚假陈述揭露日或者更正日及以后进行的投资;(3)明知虚假陈述存在而进行的投资;(4)损失或者部分损失是由证券市场系统风险等其他因素所导致;(5)属于恶意投资、操纵证券价格的。

上文提到的虚假陈述实施日,是指作出虚假陈述或者发生虚假陈述之日,例如定期报告、临时报告的公告日等。虚假陈述揭露日,是指虚假陈述在全国范围发行或者播放的报刊、电台、电视台等媒体上,首次被公开揭露之日。较常见的揭露日有证监会立案公告之日、交易所的处分决定公告之日等。虚假陈述更正日,是指虚假陈述行为人在证监会指定披露证券市场信息的媒体上,自行公告更正虚假陈述并按规定履行停牌手续之日。例如,上市公司主动对其虚假陈述行为进行纠正并公告之日。

特别提醒投资者注意的是,投资者在虚假陈述揭露日或者更正日后购买该因虚假陈述行为而被处罚的上市公司股票的,不符合《若干规定》关于因果关系的认定,不能向上市公司索赔揭露日或者更正日后购买股票所产生的损失。投资者在购买股票时,一定要注意上市公司发布的相关公告,如已被行政处罚,或违法行为已被揭露的,应谨慎投资。

在投服中心发起的虚假陈述案件支持诉讼中,投服中心会对投资者提交的证据材料依据相关法律规定进行审查。对于投资者原告资格不适格的,将通知投资者并退回相关证据资料;对于投资者提交的证据材料不全的,且有必要补交的,将通知投资者在规定时间内补交材料;对于投资者提交的证据材料齐全的,投服中心将会根据工作流程及时发起诉讼索赔程序。

上市公司被处罚后投资人卖出股票是否影响后期维权索赔

当上市公司发布收到证监会行政处罚决定书的公告时，投资人往往会存在这样的困惑：我现在卖出股票是否影响后期的维权索赔呢？一方面，伴随上市公司遭受行政处罚的利空消息，公司股价往往会随之下跌，甚至可能出现跌停；另一方面，如果继续持有股票，投资人遭受的损失可能会逐渐扩大，甚至可能错过"解套"的窗口而长期被套。

为了解答这样的疑惑，我们需要首先明确以下问题，即投资人提出索赔应符合怎样的持股要求？

根据2002年12月26日最高人民法院发布的《若干规定》第18条规定，投资人具有以下情形的，人民法院应当认定虚假陈述与损害结果之间存在因果关系：(1)投资人在虚假陈述实施日及以后，至揭露日或者更正日之前买入该证券；(2)投资人在虚假陈述揭露日或者更正日及以后，因卖出该证券发生亏损，或者因持续持有该证券而产生亏损……第19条规定，被告举证证明原告具有以下情形的，人民法院应当认定虚假陈述与损害结果之间不存在因果关系：(1)在虚假陈述揭露日或者更正日之前已经卖出证券；(2)在虚假陈述揭露日或者更正日及以后进行的投资……

另根据《若干规定》第20条的规定，虚假陈述实施日是指作出虚假陈述或者发生虚假陈述之日。虚假陈述揭露日，是指虚假陈述在全国范围发行或者播放的报刊、电台、电视台等媒体上，首次被公开揭露之日。虚假陈述更正日，是指虚假陈述行为人在证监会指定披露证券市场信息的媒体上，自行公告更正虚假陈述并按规定履行停牌手续之日。

根据以上法律规定，我们可以将投资人提出索赔的持股要求归纳如下：

投资人须在虚假陈述实施日及以后，至揭露日或者更正日之前买入该证券(在揭露日前一日未全部卖出，仍有余额)，在虚假陈述揭露日或者更正日及以后，因卖出该证券发生亏损，或者因持续持有该证券而产生亏损。投资人在虚假陈述揭露日或者更正日及以后因投资产生的亏损则无法进行索赔。

投服中心假设以下案例：

假设某上市公司A于2017年7月25日公告收到证监会行政处罚决定书，行政处罚决定书认定上市公司A实施虚假陈述行为的日期是2014年5月21日，上市公司A的虚假陈述行为于2016年12月2日被揭露,则可提出索赔的适格投资者范围应包括:在2014年5月21日起至2016年12月1日买入上市公司A股票(未全部卖出,即在2016年12月1日仍有余额),且该部分股票在2016年12月2日之后因卖出而发生亏损或者因持续持有该股票而产生亏损的投资者。因此,只要投资者符合在2014年5月21日(实施日)起至2016年12月1日(揭露日前一日)买入上市公司A股票(未全部卖出,即在2016年12月1日仍有余额)的条件,在2016年12月2日(揭露日)之后无论卖出或继续持有股票,只要有亏损发生,都可以向上市公司进行索赔,但是投资人在2016年12月2日(揭露日)之后买入股票所产生的亏损,则无法要求索赔。

三、重要期日简述

证券民事诉讼中的虚假陈述揭露日

投资者在通过证券民事诉讼维护自身权益的过程中，或是日常学习证券民事诉讼知识时，常常能看到“实施日”“揭露日”“基准日”等表述，但对于其具体含义往往是一知半解。那么，究竟何为虚假陈述揭露日？虚假陈述民事赔偿个案中，虚假陈述揭露日又是如何确定的呢？

根据《若干规定》第20条的规定，虚假陈述揭露日，是指虚假陈述在全国范围发行或者播放的报刊、电台、电视台等媒体上，首次被公开揭露之日。

虚假陈述被揭露日期的确定，其意义体现为对证券市场发出警示信号，提醒投资者重新判断股票价值，进而对股票的市场价格产生影响。此外，确认虚假陈述揭露日的意义还体现为确认虚假陈述与损害结果之间是否存在因果关系。根据《若干规定》第18条、第19条的规定，投资者需要在虚假陈述实施日及之后，至揭露日或更正日之前买入相应证券，在揭露日或更正日以后卖出该证券并发生亏损，或因持续持有该证券产生亏损，方能被法院认定虚假陈述与损害结果之间存在因果关系。

然而，揭露日的确定在司法实践中却往往成为争议焦点。《若干规定》关于虚假陈述揭露日的规定明确了虚假陈述揭露通常的表现形式（如揭露载体、揭露方式等），但对包括揭露日的具体认定原则、标准等在内的实体内容尚未加以规定。同时，司法实务总是千变万化，尤其是证券市场的创新性也决定了与之相关的立法都有可能产生滞后性。

那么，在实践中究竟如何理解虚假陈述揭露日的法律特征和认定原则呢？一般而言，认定虚假陈述揭露日的原则包括揭露内容的相对确定性、揭露行为引起股票价格异常波动、揭露主体的权威性等。

所谓揭露内容的相对确定性，是指揭露内容应当与虚假陈述的行为相一致，信息相对确定，充分揭示了投资风险。例如，在上海市高级人民法院所审理的创兴资源虚假陈述一案中，法院认为，除须符合首次被公开揭露这一要件外，确定虚假陈述揭露日还应当着重考虑两个因素：一是揭露的内容应与证券监督管理机构行政处罚决定书中认定的虚假陈述行为相一致；二是此揭露行为的力度应当足以引起市场内一般理性投资者的警示。法院认为,被告发布的关于收到证监会《调查通知书》中仅提及被告因涉嫌违反《证券法》及相关法规被证监会立案稽查,该公告不仅对本案被告虚假陈述行为的实质内容完全没有涉及,甚至也未能反映出被告被稽查的行为性质系涉嫌未按规定披露信息,故该公告的发布并不符合揭露的内容应与证券监督管理机构行政处罚决定书中认定的虚假陈述行为相一致的要求,该公告发布之日不应认定为虚假陈述揭露日。

所谓揭露行为引起股票价格异常波动,是指虚假陈述被揭露的行为引发了股票价格剧烈的市场反应。在技术指标上,无论是从日K线图、价格跌幅、成交量等参照系数上都能出现基本面趋同的剧烈市场反应。

所谓揭露主体的权威性,是指如果虚假陈述行为通过媒体途径被揭露,应当限定为全国范围发行或者播放的报刊、电台、电视台等媒体上。如果虚假陈述行为以公司公告形式揭露的,上市公司必须在证券监管机构指定的信息披露网站或报刊(如《上海证券报》《中国证券报》《证券时报》《证券日报》、上海证券交易所网站、深圳证券交易所网站、巨潮资讯网)上披露公告。

在目前的司法实践中,人民法院通常将如下日期认定为揭露日:上市公司被立案调查公告日、处罚事先告知书公告日、收到处罚决定公告日、媒体揭露报道发布日、上市公司自我揭示日、收到监管措施决定公告日等。

在此,投服中心提醒广大中小投资者在进行证券投资的过程中关注虚假陈述披露等类似警示信号,关注投资风险。同时,中小投资者通过证券虚假陈述民事诉讼进行维权的过程中,也可能会产生因司法机关最终认定的虚假陈述揭露日与自身认定的虚假陈述揭露日存在差异,进而影响获赔数额的情况。

证券虚假陈述案件中实施日对赔偿金额计算的影响

根据《若干规定》，证券虚假陈述案件中投资者索赔涉及几个关键的时间点：实施日、揭露日和基准日。起诉时拟定的实施日与法院认定的实施日产生差异，会对赔偿金额计算带来不确定因素。

实施日的确定相对揭露日来说比较简单，根据《若干规定》，“虚假陈述实施日，是指做出虚假陈述或者发生虚假陈述之日”。一般来讲，在行政处罚决定书中对被处罚上市公司的虚假陈述行为发生会进行具体描述，明确说明违法行为发生时间。但是在确认具体实施日的日期时，还需要注意几点：首先，虚假陈述行为发生当日，并不一定是实施日。《上市公司信息披露管理办法》要求，上市公司对重大事项应及时披露，及时是指自起算日起或者触及披露时点的两个交易日内，上市公司按照规定应披露相关信息的最后截止日，我们可以认为是虚假陈述实施日。其次，有些处罚决定书中载明上市公司应该在季报、半年报、年报中披露的某一事项没有进行披露，那么就要去查找上市公司公布的季报、半年报、年报等公告，财务报表公告日为虚假陈述实施日。最后，还有一些处罚决定书中只是载明当事人在某年至某年一个时间段内，发生了交易没有及时披露，这样的话，实施日就很难确定在具体某一天。

例如，投服中心公开征集的上海绿新案件中，处罚决定书中列明了两个违法行为：第一个是未依法披露和关联自然人的关联交易行为，处罚决定书只载明了2012年至2014年，王某连续多次与上海绿新发生资金往来，而没有说明具体日期，在公开信息资料中也很难确定首笔资金往来的发生日期，无法确定具体的实施日。因此我们针对第二个违法行为“未依法披露重大事件签署意向协议事项”提出了诉讼，2014年3月28日，上海绿新签订《股权转让意向协议》，涉及协议标的金额3.68亿元未依法披露。按照《上市公司信息披露管理办法》的规定，应及时披露的时间为2014年3月28日起算两个交易日，正好遇到周末休市，所以我们将实施日定在2014年4月2日，是公司应履行披露义务的最后一天。

如果起诉时拟定的实施日与法院最后认定的实施日有差异，投资者索赔金额可能会受到影响。我们都知道投资者索赔金额包括投资者差额损失、佣金、印花税和利息等，其中投资差额损失是根据买入均价减去卖出均价或基准价得出。因此，买入均价是投资者索赔金额计算的重要因素。

在不同的损失计算方法下,投资差额损失会有不同的影响。《若干规定》中并没有对具体的计算方法进行明确,我们按照最高人民法院公报案例“陈某某等23名投资人诉大庆联谊公司、申银证券公司虚假陈述侵权赔偿纠纷案”的方法来计算损失,在实施日至揭露日之间投资者买入和卖出股票的金额进行累加,来除以揭露日前一天投资者持有的可索赔的股份余额,计算出投资者的买入均价成本。如果起诉时拟定的实施日与法院认定的实施日不同,认定的实施日至揭露日时间范围会有长短变化,但是还要根据投资者实际交易记录来考察时间范围的改变对投资损失差额的影响。例如,起诉时拟定的实施日晚于法院认定的实施日,即实施日至揭露日时间范围扩大了,但是在扩大的时间段内投资者进行了低买高卖的操作,也就是以较低的价格买入股票,以较高的价格卖出股票,获取了交易收益,计算出来的买入均价反而会降低,投资差额损失会变小。也就是说,即便起诉时拟定的实施日晚于法院认定的实施日,投资者索赔的金额也不一定增加,同样道理,如果起诉时拟定的实施日早于法院认定的实施日,投资者索赔的金额也不一定变小。甚至,有的投资者还会出现买入均价低于卖出价或基准价,导致没有投资差额损失,从而面临败诉风险。

在计算买入均价时,除了受交易金额的影响,还受股票数量的影响。根据《若干规定》,实施日前购买股票产生的股票余额是要剔除的,因为虚假陈述行为还没有实施,是没有因果关系的股票。在确定揭露日前可索赔股票余额后,我们在计算股票的买入均价时,遇到的难题是买入时成本应与哪一笔实际买入相对应。如果交易非常清晰,能够将每次买入金额与可索赔股票余额一一对应起来,是最理想的状况。但实际情况往往是投资者在实施日至揭露日之间会进行频繁的买入和卖出,因此在计算股票的买入均价时,出现过先进先出法、加权平均法、移动加权平均法等多种计算方式,这有点类似于存货管理中存货成本的确定。

根据《若干规定》第19条,在虚假陈述揭露日或者更正日之前已经卖出证券,人民法院应当认定虚假陈述与损害结果之间不存在因果关系。在实施日至揭露日之间,如果投资者该只股票余额为0,说明投资者之前买入的股票都已经卖空,而虚假陈述行为还没有被揭露,那么之前买入的股票是投资者的正常投资行为,与上市公司虚假陈述行为没有因果关系。这样就造成即便起诉时拟定的实施日晚于法院认定的实施日,在投资者卖空过股票的情况下,索赔的金额不变,同样,起诉时拟定的实施日早于法院认定的实施日,投资者在法院认定的实施日至揭露日之间卖空股票的话,索赔的金额也不变。

在这里投服中心恳请广大投资者特别注意，任何诉讼都是有风险的，实施日的确定也存在不被法院认定的风险，从而导致投资者索赔金额变小，甚至被认为没有损失。投服中心在发布支持诉讼征集公告时，也明确告知投资者诉讼存在一定的风险，例如实施日的不确定因素会造成诉讼结果不确定、赔付金额减少等情况。希望投资者对投服中心的支持诉讼保持理解和配合，理性对待判决结果。

（本文仅代表投服中心的观点，实践中需根据个案情况遵循法院认定）

四、管辖与审理期限

证券虚假陈述民事赔偿案件的管辖问题

民事诉讼管辖,是指确定同级人民法院或者上下级人民法院之间受理第一审民事案件的分工和权限,使当事人知晓其在民事权益受到侵害或者发生争议后到哪一级的哪一个法院去起诉或应诉,请求法院给予司法保护。

我国《民事诉讼法》在确定管辖时的根本宗旨在于及时保护当事人的合法权益,因而在确定管辖权的原则时应当遵循以下几个原则:便于公民、法人和其他组织进行诉讼;便于人民法院公正行使审判权;便于人民法院的裁判执行等。《民事诉讼法》所明确的诉讼管辖主要有:级别管辖、地域管辖、移送管辖、指定管辖和协议管辖等。就证券虚假陈述民事赔偿案件的管辖而言,主要涉及级别管辖、地域管辖及移送管辖。

级别管辖目的在于划分上下级法院之间受理第一审民事案件的分工和权限。根据我国的实际情况,确定级别管辖常考虑两个因素:一是案件的性质,即案件的类别、难易程度和有无涉外因素等;二是案件影响的大小,即案件涉及的范围(包括所涉及的地区、部门、当事人等)和案件审理结果可能对社会产生的影响。

最高人民法院于2003年年初发布的《若干规定》,其中第8条明确规定,虚假陈述证券民事赔偿案件,由省、直辖市、自治区人民政府所在的市、计划单列市和经济特区中级人民法院管辖。而根据《民事诉讼法》的相关规定,中级人民法院管辖的第一审民事案件有三类:一是重大涉外案件(包括涉港、澳、台地区的案件);二是在本辖区有重大影响的案件;三是最高人民法院确定由中级人民法院管辖的案件。这一规定表明证券虚假陈述民事赔偿案件的管辖就属于第三类,应当由中级人民法院受理。

在证券交易过程中,伴随的侵权行为通常具有复杂性及广泛性的特点,考虑到我国当前的证券市场还不够成熟,经验不够丰富,相关法律法规还存在缺位情况,由级别较高、集中专业法官人才的人民法院进行管辖,有利于案件的公正合理的解决,保护投资者的合法权益,同时能够促进投资者自我保护意识的形成,推动证券交易的法制化进程。

地域管辖,是指以人民法院的辖区和案件的隶属关系确定同级人民法院之间在各自的区域内受理第一审民事案件的分工和权限。依据我国《民事诉讼法》第28条的规定,因侵权行为提起的诉讼,由侵权行为地或者被告住所地人民法院管辖。作为因侵权行为而引发的诉讼,证券虚假陈述民事赔偿案件当然适用该条规定。但《若干规定》进一步明确证券虚假陈述民事赔偿案件适用“原告就被告”的原则,具体来讲,根据《若干规定》第 9 条,如果投资者对多个被告提起证券民事赔偿诉讼的,应按下列原则确定管辖:(1)由发行人或者上市公司所在地有管辖权的中级人民法院管辖,但有本规定第 10 条第 2 款规定的情形除外;(2)对发行人或者上市公司以外的虚假陈述行为人提起的诉讼,由被告所在地有管辖权的中级人民法院管辖;(3)仅以自然人为被告提起的诉讼,由被告所在地有管辖权的中级人民法院管辖。

总体来看,证券虚假陈述民事赔偿案件中的地域管辖权主要集中在发行人或上市公司所在地的法院,除非存在两种例外情况:一是发行人及上市公司未被列为被告;二是发行人或上市公司的被告身份系后来追加,且当事人不同意追加,而法院主动追加。之所以如此规定,目的在于方便当事人更清晰地行使其诉权,同时能够分散审判压力,提高审判效率。

移送管辖,是指人民法院受理某一案件后,发现对该案无管辖权,为保证该案件的审理,依照法律相关规定,将该案件移送给有管辖权的人民法院。移送管辖通常发生在同级人民法院之间,但也不排除在上、下级人民法院之间移送。就虚假陈述民事赔偿案件而言,关于移送管辖的规定具体体现在《若干规定》的第 10 条第 1 款:人民法院受理以发行人或者上市公司以外的虚假陈述行为人为被告提起的诉讼后,经当事人申请或者征得所有原告同意后,可以追加发行人或者上市公司为共同被告。人民法院追加后,应当将案件移送发行人或者上市公司所在地有管辖权的中级人民法院管辖。第 2 款:当事人不申请或者原告不同意追加,人民法院认为确有必要追加的,应当通知发行人或者上市公司作为共同被告参加诉讼,但不得移送案件。

除了适用移送管辖的一般情形,根据该条的规定,在该类案件中还有一种特殊情形下须适用移送管辖,即经当事人申请或者征得所有原告同意后,追加发行人或上市公司为被告。在此种情形下,人民法院须将案件移送至发行人或上市公司所在地有管辖权的法院。

证券虚假陈述民事赔偿案件中的司法管辖权,是投资者试图利用诉讼方式维护自身合法权益的重要因素,直接影响诉讼程序的效率,需要广大中小投资者保持正确的认识。

正确认识个别案件较长的审理期限

投服中心在进行支持诉讼时,为了对虚假陈述行为进行精准打击,在确定诉讼对象时往往将首要责任人作为第一被告追究其首偿责任,而将违法违规的上市公司作为次要被告,追究其连带赔偿责任。在司法诉讼程序中,按照《民事诉讼法》的规定,如被告不提供准确的通信地址,诉讼传票和判决书会采用公告形式送达,该送达方式会导致诉讼时限延长。以下就司法诉讼程序中关于诉讼文书送达的法律规定及司法解释进行说明。

根据《民事诉讼法》的规定,在中华人民共和国领域内进行民事诉讼须遵守该法,并将民事诉讼案件分为两类,即一般民事诉讼案件和涉外民事诉讼案件。一般民事诉讼案件主要针对中国公民,而根据最高人民法院对《民事诉讼法》的司法解释第522条规定,涉外民事诉讼案件须满足下列几种情形:(1)当事人一方或者双方是外国人、无国籍人、外国企业或者组织的;(2)当事人一方或者双方的经常居所地在中华人民共和国领域外的;标的物在中华人民共和国领域外的;(3)产生、变更或者消灭民事关系的法律事实发生在中华人民共和国领域外的;(4)可以认定为涉外民事案件的其他情形。按照该规定,针对不同民事诉讼案件,人民法院诉讼文书送达方式和时限存在区别,具体如下。

一般民事诉讼案件中诉讼文书送达的规定

《民事诉讼法》第七章第二节就一般民事诉讼程序中人民法院诉讼文书送达方式作出若干规定,主要包含以下几种:(1)人民法院直接送达,应当直接送交受送达人,并由受送达人签收;(2)经受送达人同意,人民法院可以采用传真、电子邮件等能够确认其收悉的方式送达诉讼文书;(3)直接送达诉讼文书有困难的,可以委托其他人民法院代为送达,或者邮寄送达;(4)受送达人下落不明,或者用规定的其他方式无法送达的,公告送达。自发出公告之日起,经过60日,即视为送达。根据该规定,在一般民事案件中,无法联系到受送达人等个别情况下,人民法院在开庭和判决阶段会采用公告送达的方式通知受送达人,并需公告60日才能视为送达,该方式会极大延长诉讼时限。

涉外民事诉讼案件中诉讼文书送达的规定

《民事诉讼法》第二十五章规定，人民法院对在中华人民共和国领域内没有住所的当事人送达诉讼文书，可以采用下列方式：(1)依照受送达人所在国与中华人民共和国缔结或者共同参加的国际条约中规定的方式送达；(2)通过外交途径送达；(3)对具有中华人民共和国国籍的受送达人，可以委托中华人民共和国驻受送达人所在国的使领馆代为送达；(4)向受送达人委托的有权代其接受送达的诉讼代理人送达；(5)向受送达人在中华人民共和国领域内设立的代表机构或者有权接受送达的分支机构、业务代办人送达；(6)受送达人所在国的法律允许邮寄送达的，可以邮寄送达，自邮寄之日起满 3 个月，送达回证没有退回，但根据各种情况足以认定已经送达的，期间届满之日视为送达；(7)采用传真、电子邮件等能够确认受送达人收悉的方式送达；(8)不能用上述方式送达的，公告送达，自公告之日起满 3 个月，即视为送达。区别于一般民事诉讼案件，涉外民事诉讼案件的诉讼文书送达方式更加复杂，且送达困难，往往发生无法联系到受送达人等情况，在该情况下人民法院多采用公告送达方式，会导致诉讼时限相较一般民事诉讼案件更久，需公告满 3 个月视为送达。

投服中心在因虚假陈述提起支持诉讼时，投资者经常对案件审理时限过长提出疑问，如果人民法院采取公告送达方式，其诉讼时限拉长符合诉讼程序的法律规定，望广大委托投服中心进行支持诉讼的投资者正确认识。

五、费用与证据材料

诉讼费，你必须知道的那些事

投资者委托投服中心的公益律师打官司,准备好委托书、诉状等法律文书及证据文件,交给公益律师,这只是立案前的准备工作。等到公益律师提出立案申请,将材料送至法院,法院受理后,才正式进入诉讼程序。法院受理投资者立案申请后,往往会同时开具缴纳诉讼费用通知,要求当事人在限期内缴纳诉讼费。那么诉讼费包括哪些内容,如何计算,怎样缴纳,不缴纳会产生什么样的法律后果呢?

诉讼费包括哪些内容

诉讼费用具体包括:(1)案件受理费;(2)申请费;(3)证人、鉴定人、翻译人员、理算人员在人民法院指定日期出庭发生的交通费、住宿费、生活费和误工补贴。

法院立案后开具的缴纳诉讼费用通知,收取的是案件受理费。一些投资者收到通知书后,看到"应预交案件受理费、申请费××元;其他诉讼费 0 元"有些不解,怎么没看到"诉讼费"三个字,因此打电话过来询问。在此举例说明,通知书上写明的"案件受理费、申请费 50 元",指的是案件受理费 50 元。在通常情况下各项费用并不进行详细区分,而是将案件受理费、申请费和其他诉讼费统称为"诉讼费"。申请费一般是当事人向法院提出申请执行、申请保全、申请支付等要求的情况下才需要支付,在支持诉讼立案阶段一般不会有申请费发生。

诉讼费如何计算

《诉讼费用交纳办法》对诉讼费用缴纳标准进行了明确规定。投服中心发起的证券支持诉讼是民事赔偿案件,按照财产案件的规定进行计算,一般根据诉讼请求的金额或者价额,按照下列比例分段累计交纳:

1. 不超过 1 万元的,每件交纳 50 元;
2. 超过 1 万元至 10 万元的部分,按照 2.5% 交纳;
3. 超过 10 万元至 20 万元的部分,按照 2% 交纳;
4. 超过 20 万元至 50 万元的部分,按照 1.5% 交纳;

5. 超过 50 万元至 100 万元的部分,按照 1% 交纳;

6. 超过 100 万元至 200 万元的部分,按照 0.9% 交纳;

7. 超过 200 万元至 500 万元的部分,按照 0.8% 交纳;

8. 超过 500 万元至 1000 万元的部分,按照 0.7% 交纳;

9. 超过 1000 万元至 2000 万元的部分,按照 0.6% 交纳;

10. 超过 2000 万元的部分,按照 0.5% 交纳。

例如:

投资者甲向某上市公司索赔 6000 元,需要缴纳的诉讼费是 50 元。

投资者乙向某上市公司索赔 16,000 元,需要缴纳的诉讼费是 50 + 6000 × 2.5% = 200 元。

投资者丙向某上市公司索赔 160,000 元,需要缴纳的诉讼费是 50 + 90,000 × 2.5% + 60,000 × 2% = 50 + 2250 + 1200 = 3500 元。

分段累计计算方法是将金额分段,乘以对应比例得出费用相加,最常见的运用是个人所得税的计算。因此投资者索赔金额越高,诉讼费用相对越高。需要投资者注意的是,通知书上注明是“预交”,根据《诉讼费缴纳办法》的规定,诉讼费用由败诉方负担,胜诉方自愿承担的除外;部分胜诉、部分败诉的,人民法院根据案件的具体情况决定当事人各自负担的诉讼费用数额。

诉讼费计算确实比较麻烦,为方便投资者计算,不少法院(如上海市第一中级人民法院)的网站上会有“诉讼费计算器”。

诉讼费如何缴纳

在一般情况下,投资者收到法院缴纳诉讼费用通知,到附近指定银行的营业网点,出具通知,进行缴纳。

现在上海各级人民法院联合付费通 APP 推行网上支付,准确高效。投资者关注上海市第一中级人民法院或第二中级人民法院微信公众号,点击缴纳诉讼费的链接,跳转到上海市高级人民法院诉讼费缴纳页面,直接扫描通知书上条形码或二维码,当事人诉讼费缴纳相关信息会自动跳出,投资者核对无误后,可以直接进行支付。操作非常方便,而且便于收款核对。

有的投资者对缴纳诉讼费用通知的真实性产生疑问,觉得通知上没有加盖法院的公章,害怕扫描支付的钱没有真正支付给法院。缴纳诉讼费用通知是立案受理后法院系统自动打印的,通知上包含的条形码或二维码信息也是对应每个案号生成的信息,具有唯一性。投资者扫码后,当事人姓名、案号、通知书号、缴款金额、最后缴款日等信息会立即呈现,投资者可以自行计算核对。在信息化通信技术发达的今天,微信、支付宝等网上支付手段已经非常普遍,支付平台的安全系统也建设得日益完善,我们建议有疑虑的投资者主动打电话联系投服中心,或者直接拨打法院电话进行询问,我们理解投资者的谨慎,但是不缴纳诉讼费的后果会比较严重。

不缴纳诉讼费的法律后果

根据法律规定,当事人须按期缴纳诉讼费,那么如果晚交或不交,会带来什么样的法律后果呢?

如果当事人因出差在外等原因未收到缴纳诉讼费通知或收到通知但未能在限期内缴纳,在一般情况下,法院会出具催缴通知,令投资者在限期内进行补缴。

根据最高人民法院《关于适用〈中华人民共和国民事诉讼法〉的解释》第213条的规定:“原告应当预交而未预交案件受理费,人民法院应当通知其预交,通知后仍不预交或者申请减、缓、免未获批准而仍不预交的,裁定按撤诉处理。”也就是说,经法院催缴,当事人超过限期仍未缴纳或明确表示不愿意缴纳诉讼费,视同撤诉。因当事人未缴纳诉讼费按撤诉处理,产生的法律后果为直接引起诉讼程序终结、诉讼时效重新开始计算。

案件撤诉,并不意味着此事从没发生过,法院对案件还是会有记录,双方提交的所有材料包括证据都不会退回,作为法院档案留存。投资者因担心自己的个人信息泄露,而向法院提出退回所有递交的材料的要求是不现实的。

诉讼不是儿戏,有严格的法律程序规范。任何诉讼都应当在遵守程序的情况下进行。希望投资者了解诉讼费用相关的法律规定,遵照法院要求按时交纳诉讼费,正确理解和履行诉讼程序中的义务,积极配合公益律师顺利完成诉讼。

因虚假陈述向上市公司索赔时案件诉讼费的交纳和负担原则

在民事诉讼中，诉讼费用的交纳依据是国务院制定的《诉讼费用交纳办法》。根据该办法，当事人进行民事诉讼，应当依照该办法交纳诉讼费用。诉讼费用由原告在起诉时预交，未按规定交纳诉讼费用的，法院将按自动撤诉处理。

根据该办法，证券市场虚假陈述民事赔偿案件属于财产案件，该类案件的诉讼费用是根据原告诉讼请求的金额或者价额，并按照比例分段累计交纳。同时，关于诉讼费的负担，要提醒投资者注意三点：一是诉讼费由败诉方负担，胜诉方自愿承担的除外；二是部分胜诉、部分败诉的，法院根据案件的具体情况决定当事人各自负担的诉讼费用数额；三是共同诉讼当事人败诉的，法院根据其对诉讼标的的利害关系，决定当事人各自负担的诉讼费用数额，即诉讼费未必完全由败诉方一方承担，可能会因部分胜诉而由原被告双方负担，具体负担的比例由法院视案情确定。

在这方面，司法实践中比较有指导意义的案件是"朱某某诉上海仪电控股公司证券虚假陈述责任纠纷案"。在该案中，原告向法院提请的诉求请求是要求被告赔偿其因虚假陈述行为导致的经济损失 14,750 元，并承担该案诉讼费用 169 元。通过审理，上海市第一中级人民法院认定被告上海仪电控股公司实施的虚假陈述行为属于不正当披露行为，违反《证券法》的相关规定，承担对原告的相应民事赔偿责任。此外，法院还认定原告提请的赔偿金额的计算有失妥当，不符合《若干规定》的相关规定，并判决原告可向被告主张的投资差额损失金额为 2626 元。案件诉讼费 169 元，由原告负担 139 元，被告负担 30 元。该案的诉讼请求之所以未得到法院的支持，主要是因为原告所主张的赔偿金额的计算有失妥当，判决结果确定的赔偿金额远少于原告的索赔诉求，属于部分胜诉，故其起诉时交纳的诉讼费用仅由被告负担了一部分。

根据《诉讼费用交纳办法》和上述案例，投资者应当知晓的是，投资者在向法院起诉时，如因损失计算方法不当而提出畸高的索赔金额，并因而产生高额的诉讼费，如在法院判决结果中不能完全胜诉，则该因索赔诉求所产生过高诉讼费，极有可能要由投资者本人负担。总之，投资者的诉讼请求应当合法、合理，避免因不理性的诉讼请求，赢了官司，反而赔了钱。

投服中心支持诉讼中投资者提交的证据材料常见问题

最高人民法院《关于民事诉讼证据的若干规定》规定,原告向人民法院起诉,应当附有符合起诉条件的相应的证据材料;当事人对自己提出的诉讼请求所依据的事实有责任提供证据加以证明;没有证据或者证据不足以证明当事人的事实主张的,由负有举证责任的当事人承担不利后果。可见,投资者在诉讼中有责任为自己的诉讼请求提供合法、充分的证据资料,否则将可能承担相应的不利后果。

投服中心在发起支持诉讼的征集公告中,会列明需要提交证据材料的种类及内容。一般来说,申请投服中心支持诉讼的投资者,应当提供清晰、可辨认的下列证据材料:(1)投资者的身份证复印件;(2)加盖证券公司营业部印章的在中国证券登记结算有限责任公司“一码通”所有证券账户查询确认单以及证券账户开户确认单;(3)加盖证券公司营业部印章的拟诉上市公司单只股票的纸质版对账单及其电子版对账单。

目前,大部分投资者能够提交符合征集公告要求的证据资料。但也有少数投资者提交的证据材料存在一些问题需要补正,主要表现在以下几个方面。

未提交证券账户查询确认单或证券账户开户确认单

少数投资者提交的证据材料中缺少证券账户查询确认单或证券账户开户确认单,甚至这两样证据都未提交。证券账户查询确认单是中国证券登记结算有限公司登记的投资者“一码通”账户下的所有账户信息,包括已开户的交易账户账号、开户证券公司、开户时间、投资者个人信息等内容事项。证券账户开户确认单,则用于证明投资者开立证券账户的基本情况。这两样确认单缺一不可,可由证券公司打印出来并盖章确认。在实践中,也有少数证券公司无法打印证券账户查询确认单或证券账户开户确认单,若出现这种情况,投资者可以要求证券公司将包含这两样确认单内容的系统查询结果完整截屏打印后盖章确认。

对账单中缺少佣金、印花税项

根据《若干规定》,投资者可主张索赔的损失包括投资差额损失部分的佣金和印花税。然而,有少数投资者提交的对账单中却缺少佣金和印花税项。根据民事诉讼中“谁主张,谁举证”的原则,如果投资者要主张索赔佣金和印花税损失,就必须提交含有交易佣金和印花税的对账单。还有极个别投资者提交的对账单中将佣金和印花税合并在一项费用中,无法区分每一笔交易中支付的佣金和印花税,这也是不符合证据要求的。因此,投资者在要求证券公司打印对账单的过程中,务必要求在对账单中清晰地反映出每一笔交易的佣金和印花税项。

对账单中缺少证券余额项

证券余额,也称为后证余额或股票余额,是统计投资者每次买卖某只股票后其账户中该只股票的股份余额,余额为 0 则表明该股票已全部卖光。对账单中的证券余额项在计算投资者损失过程中具有重要作用。例如,根据“先进先出”的原则,如果投资者在实施日至揭露日期间,对某只股票有多笔买进卖出交易,当证券余额项为 0 时,表明前面买进的股票已全部卖出,则前面的股票交易将不参与损失计算。证券余额项能帮助投服中心和法院随时查询任一交易日的股份余额,迅速排除不参与损失计算的交易数据,从而极大地提高损失计算的效率。因此,投资者提交的对账单(含电子版对账单)中必须包含证券余额项。

未按要求提交首次买入拟诉上市公司股票的证明资料

为防止投资者提交的股票交易记录数据不完整,投服中心的征集公告中都明确要求,投资者若在虚假陈述实施日及之前未买入过拟诉上市公司股票的,则投资者须书面说明首次买入该股票的具体日期。但仍有少数投资者未按照该要求提交书面说明。另外,投资者提交的该书面说明应当由投资者签名,并注明日期。

其他存在的问题

投资者提交的证据材料中存在的常见问题还包括:(1)证据材料中包含了与证据无关的资金账户变动情况,或者与案件无关的其他股票、基金等的交易记录,导致证据材料混乱、冗长,查找起来费时费力。(2)邮寄来的数据光盘在运输过程中被损坏,导致电脑无法读取光盘。(3)个别投资者未附其电话联系方式,或者预留的电话始终无人接听,导致投服中心无法与其取得联系。

投服中心提醒投资者,如果投资者提交的证据材料不齐全或者不规范,轻则影响诉讼的顺利进行,重则可能导致投资者承担不利后果。出于负责任的态度,投服中心工作人员会对每一位投资者提交的证据材料进行仔细核查,对于证据材料不齐全或证据不规范较严重的,均会通知投资者尽快补正证据材料。投服中心希望广大投资者能理解投服中心的工作,并积极予以配合,共同保障诉讼的顺利进行。

六、赔　　偿

虚假陈述赔偿中的系统风险损失扣除

在证券支持诉讼的开展过程中，投资者经常会向投服中心询问："我亏的钱能全部获赔吗？"在这里，我们需要提醒投资者：因虚假陈述而受到的损失，一方面可能与投资者通常意义上所理解的买卖股票亏损金额存在差异，另一方面还可能涉及证券市场系统风险扣除的问题。

《若干规定》第 19 条列举了虚假陈述与损害结果之间不存在因果关系的情形，其中第 4 款明确的一种情形为：损失或者部分损失是由证券市场系统风险等其他因素所导致。根据该款的规定，只要虚假陈述行为人能够举证证明投资者的损失系由系统风险所致，则认定虚假陈述行为与损害结果之间不存在因果关系，在计算投资者损失时，可以扣除市场风险因素所致的损失。因此，法院在认定最终损失金额时，可能会先将系统风险所致损失金额进行扣减，导致投资者最终实际获得的赔偿金额少于其索赔金额。

证券市场系统风险的含义，在相关的法律法规、司法解释等规范性文件中尚未有明确的规定。一般来说，系统风险由不确定因素引发，对整个证券市场的影响为个别企业或行业所不能控制，投资者亦无法通过分散投资加以消除。系统风险主要有以下几种：通货膨胀风险、利率风险、汇率风险、宏观经济风险、政治风险、市场风险等。

在虚假陈述赔偿案件审理过程中，通常会涉及系统风险存在的认定和系统风险损失大小的计算两个方面，这也是法院审理此类案件的重难点之所在。一方面，在认定系统风险是否存在时，不仅要有客观真实的风险诱因，而且要审查相关指数是否出现了大幅度波动。在司法实践中，通常会以大盘、行业板块等指数的波动情况作为判断系统风险因素是否存在以及影响大小的参考依据。在进行市场指数的选取时，通常选取的指数都较为常用，具有代表性，包含相关个股，且相关个股在其中占有相对较高的权重，例如上证综合指数、深圳成份股指数、行业板块指数等。如果在特定的期间内，大盘、行业板块等指数与个股存在共同上涨或者共同连续下挫的趋势，则可以认为股价的下跌可能因系统风险所致，与虚假陈述之间可能不存在因果关系。在这里需要提醒投资者的是，由于市场指数种类较多，在进行系统风险认证时，最终会选取哪些市场指数作为参照,将由法院进行指定,可能会与投资者自身的主张内容不同。另一方面,在进行市场风险扣除的计算时,还未形成一致的算法,具体会采取何种方法进行系统风险大小计算须由法院作出判断,参考以往的司法判例。

投服中心在此就其中一种方法进行介绍:假设某一投资者在揭露日以 P1 买入某股票,此时指数为 S1;且在揭露日之后将此股票一次性卖出,此时股价为 P2,指数为 S2。则股价涨跌幅 =(P2 - P1)÷ P1 × 100%,指数涨跌幅 =(S2 - S1)÷ S1 × 100%。扣除风险因素后的涨跌幅 =(股价涨跌幅 - 指数涨跌幅)÷ 股价涨跌幅 = 1 - 指数涨跌幅 ÷ 股价涨跌幅。

以"李某某与恒天海龙股份有限公司等证券虚假陈述赔偿纠纷"一案为例。在该案中,法院认定原告的投资差额损失在扣除系统风险损失之前为 163,608 元。法院选取与恒天海龙相关的深市 A 股指数与化学纤维 A 股指数进行综合计算。自揭露日至基准日,深市 A 股流通总市值下跌 10%,化学纤维 A 股流通总市值下跌 23%,恒天海龙股票流通总市值下跌了 30%。以行业板块"化学纤维 A 股总市值"为参照对象,按照揭露日至基准日期间化学纤维 A 股的下跌幅度/揭露日至基准日期间恒天海龙的下跌幅度计算,系统风险的影响因素为 76.67%(23%/30%);以大盘"深市 A 股流通总市值"为参照对象,揭露日至基准日期间深市 A 股的下跌幅度/揭露日至基准日期间恒天海龙的下跌幅度计算,影响因素为 33.33%(10%/30%)。如果综合考虑化学纤维板块和大盘的影响因素,系统风险的影响比例约为 55%[(33.33% + 76.67%)÷2]。在该案中,法院认定原告投资股票的损失与恒天海龙公司的虚假陈述行为存在一定的因果关系,但应同时考量化学纤维板块和大盘对恒天海龙股票的影响,将上述证券市场系统风险的因素进行扣除。综合以上因素,法院认定原告投资最终的差额损失 = 163,608 元 ×(1 - 55%)= 73,623.6 元。

股市有风险,入市须谨慎。广大投资者在进行投资时应当注重防范风险。而在证券虚假陈述赔偿案件中,投资者必须意识到可能存在的系统风险,从而对法院的最终判决做好充分的心理预期。

证券支持诉讼的投资差额损失计算（一）

2002 年 12 月 26 日最高人民法院发布了《若干规定》，对法院系统如何受理、审理证券市场因虚假陈述引发的民事赔偿案件进行了规定，明确了投资者投资差额损失的计算问题。

计算投资差额损失的规定

《若干规定》明确了投资损失计算的是投资者在虚假陈述实施日及以后，至揭露日或者更正日之前买入的证券，在虚假陈述揭露日或者更正日及以后，因卖出该证券发生亏损，或者因持续持有该证券而产生亏损。因此，在实施日前，投资者持有多少股票与虚假陈述行为没有因果关系，在损失计算时并不考虑实施日前购买股票的数量。

实施日、揭露日、更正日、基准日

根据《若干规定》第 20 条的规定，虚假陈述实施日是指作出虚假陈述或者发生虚假陈述之日。

虚假陈述揭露日，是指虚假陈述在全国范围发行或者播放的报刊、电台、电视台等媒体上，首次被公开揭露之日。

虚假陈述更正日，是指虚假陈述行为人在证监会指定披露证券市场信息的媒体上，自行公告更正虚假陈述并按规定履行停牌手续之日。

根据《若干规定》第 33 条的规定，投资差额损失计算的基准日，是指虚假陈述揭露或者更正后，为将投资者应获赔偿限定在虚假陈述所造成的损失范围内，确定损失计算的合理期间而规定的截止日期。

基准日分别按下列情况确定：

1. 揭露日或者更正日起，至被虚假陈述影响的证券累计成交量达到其可流通部分 100% 之日。但通过大宗交易协议转让的证券成交量不予计算。

2. 按前项规定在开庭审理前尚不能确定的，则以揭露日或者更正日后第 30 个交易日为基准日。

3. 已经退出证券交易市场的，以摘牌日前一交易日为基准日。

4. 已经停止证券交易的,可以停牌日前一交易日为基准日;恢复交易的,可以第一项规定确定基准日。

虚假陈述实施日、揭露日或更正日和基准日这三个时间点的确定,关系到虚假陈述行为与投资损害结果之间是否存在因果关系,直接影响投资者能否获得赔偿以及获得赔偿的数额。所以准确认定这三个时间点,对整个案件的公平审理就显得至关重要。

因果关系

投资者主张投资差额损失时须证明虚假陈述与损害结果之间存在因果关系,而投资者具有以下情形时人民法院将认定虚假陈述与损害结果之间存在因果关系:

1. 投资者所投资的是与虚假陈述直接关联的证券;

2. 投资者在虚假陈述实施日及以后,至揭露日或者更正日之前买入该证券;

3. 投资者在虚假陈述揭露日或者更正日及以后,因卖出该证券发生亏损,或者因持续持有该证券而产生亏损。

投资者具有以下情形时人民法院将认定虚假陈述与损害结果之间不存在因果关系:

1. 在虚假陈述揭露日或者更正日之前已经卖出证券;

2. 在虚假陈述揭露日或者更正日及以后进行的投资;

3. 明知虚假陈述存在而进行的投资;

4. 损失或者部分损失是由证券市场系统风险等其他因素所导致;

5. 属于恶意投资、操纵证券价格的。

损失赔偿范围

《若干规定》第30条规定,损失赔偿范围包括:(1)投资差额损失;(2)投资差额损失部分的佣金和印花税;(3)前两项所涉资金利息,自买入至卖出证券日或者基准日,按银行同期活期存款利率计算。

《若干规定》第19条规定,损失或者部分损失是由证券市场系统风险等其他因素所导致时,该等损失将排除在赔偿范围外。

换言之,投资者因虚假陈述实际发生的损失 = 投资差额损失 + 投资差额损失部分的佣金和印花税 + 利息 - 系统风险引起的损失。

证券支持诉讼的投资差额损失计算（二）

前文介绍了证券支持诉讼投资差额损失计算及各关键时点，并阐述了投资人因虚假陈述实际发生的损失 = 投资差额损失 + 投资差额损失部分的佣金和印花税 + 利息 - 系统风险引起的损失，我们在此部分着重介绍该损失计算公式中的各个要素。

投资差额损失

1. 基准日及以前卖出证券

《若干规定》第31条规定："投资人在基准日及以前卖出证券的，其投资差额损失，以买入证券平均价格与实际卖出证券平均价格之差，乘以投资人所持证券数量计算。"

换言之，投资差额损失 =（买入平均价 - 卖出平均价）× 数量

2. 基准日之后卖出或者仍持有证券

《若干规定》第32条规定："投资人在基准日之后卖出或者仍持有证券的，其投资差额损失，以买入证券平均价格与虚假陈述揭露日或者更正日起至基准日期间，每个交易日收盘价的平均价格之差，乘以投资人所持证券数量计算。"

换言之，投资差额损失 =（买入平均价 - 揭露日或更正日至基准日期间每个交易日的平均收盘价）× 数量

持股数量、佣金损失、印花税损失、所涉资金利息

1. 持股数量

《若干规定》第18条、第19条规定，在计算投资者持股数量时，仅计算投资者在虚假陈述实施日以后、揭露日以前买入且未在揭露日前卖出的证券。

2. 佣金损失

佣金损失 = Σ（单笔投资差额损失 × 佣金比例）

3. 印花税损失

印花税损失 = Σ（单笔投资差额损失 × 印花税税率）

4. 所涉资金利息

利息总额 = Σ（单笔投资差额损失 + 投资差额损失部分的佣金和印花税）× 天

数×日利率

在涉及计算利息天数的期间,存在央行调整活期利率的情况,按照实际所在日的利率计算,再累加利息总额。

系统风险引起的损失

最高人民法院公报案例"大庆联谊案"中,二审法院认为:"应依据通常理解确定系统风险的含义。证券业通常理解,系统风险是指对证券市场产生普遍影响的风险因素,其特征在于系统风险因共同因素所引发,对证券市场所有的股票价格均产生影响,这种影响为个别企业或行业所不能控制,投资人亦无法通过分散投资加以消除。"

系统风险引起的损失金额=应纳入投资损失的计算金额×系统风险引起的损失比例

(1)基准日及之前的系统风险引起的损失比例=(买入加权平均指数-基准日及之前的卖出加权平均指数)÷买入加权平均指数

(2)基准日之后的系统风险引起的损失比例=(买入加权平均指数-基准日之后卖出加权平均指数)÷买入加权平均指数

其中:

买入加权平均指数=∑(买入日指数×买入数量)÷∑(买入数量)

基准日及之前的卖出加权平均指数=∑(卖出日指数×卖出数量)÷∑(卖出数量)

基准日之后卖出加权平均指数=揭露日与基准日之间的每个交易日算术平均指数

如果系统风险损失为负数,则按照零处理。

买入平均价、卖出平均价

《若干规定》并没有对买入平均价和卖出平均价的计算方法作出明确规定。在通常情况下,有关证券民事赔偿中的平均价的计算方法可分为先进先出、后进先出、算术加权平均和移动加权平均等多种方法。运用以上不同的计算方法,在计算损害赔偿额时可能产生的结果会有比较大的差距,而其中最合理最科学的是移动加权平均法。

1. 买入平均价

移动平均法,又称为移动加权平均法,即每次购买证券后,用本次购买成本加上库存证券成本，除以本次购买数量加上库存数量，按照实际买入成本重新计算该证券的加权平均买入价格。在揭露日前卖出该证券的，卖出证券的单位成本按照此前所确定的单位持仓成本予以扣减。其计算公式为：

本次买入均价＝（原有库存证券成本＋本次购进的价格×数量）÷（原有证券数量＋本次购进数量）

卖出证券成本＝卖出数量×本次买入均价

新库存成本＝原有库存证券成本－卖出证券成本

新买入均价＝（新库存成本＋新购进的价格×数量）÷（新库存数量＋本次购进数量）

在移动加权平均法下，卖出证券的成本以此前买入证券的加权平均价格来确定，并且每买入一次都会重新计算平均价格，卖出证券的成本以前一次计算所得买入平均价格为计价依据，因此卖出证券的成本确定最合理，买入平均价的计算也就最科学。

2. 卖出平均价

对卖出证券平均价格的计算，根据《若干规定》第31条、第32条之规定，按照投资人卖出股票的时间不同，可以分为以下四种不同的情形：

（1）如果投资人于揭露日后至基准日前（包括基准日）卖出全部股票，且该段时间没有买入股票的，可以按照算术平均法计算出实际卖出股票平均价格作为卖出平均价格即可。

（2）若投资人的股票是在基准日之后才卖出的或者仍然持有，则可以按照算术平均法计算出揭露日起至基准日期间每个交易日收盘价的平均价格，并以此作为卖出平均价格。

（3）若投资人有部分股票是在揭露日以后、基准日以前卖出，部分股票是在基准日之后卖出或者仍持有的，则对基准日以前卖出的部分按照情形（1）的方法计算出其卖出平均价格，对基准日之后卖出或者仍持有的部分按照情形（2）的方法计算出其卖出平均价格，最后再对两者进行加权平均，所得的结果作为本情形下的卖出平均价格。

（4）若在虚假陈述揭露日至基准日期间，存在投资人多次买入又卖出的情形，这时卖出平均价格的核算可以采用与买入平均价格相同的方法，在此处不再重复。

图书在版编目(CIP)数据

投资者权益知识读本：2018年/郭文英，徐明主编
.--北京：法律出版社，2018
ISBN 978-7-5197-2596-9

Ⅰ.①投… Ⅱ.①郭… ②徐… Ⅲ.①投资-经济法
-基本知识-中国 Ⅳ.①D922.29

中国版本图书馆CIP数据核字(2018)第191945号

投资者权益知识读本(2018年)
TOUZIZHE QUANYI ZHISHI DUBEN (2018NIAN)

郭文英 徐 明 主编

策划编辑 陈 妮
责任编辑 陈 妮
装帧设计 李 瞻

出版 法律出版社
总发行 中国法律图书有限公司
经销 新华书店
印刷 固安华明印业有限公司
责任校对 马 丽
责任印制 吕亚莉
编辑统筹 财经法治出版分社
开本 787毫米×1092毫米 1/16
印张 13.75
字数 230千
版本 2018年9月第1版
印次 2018年9月第1次印刷

法律出版社/北京市丰台区莲花池西里7号(100073)
网址/www.lawpress.com.cn
投稿邮箱/info@lawpress.com.cn
举报维权邮箱/jbwq@lawpress.com.cn
销售热线/010-63939792
咨询电话/010-63939796

中国法律图书有限公司/北京市丰台区莲花池西里7号(100073)
全国各地中法图分、子公司销售电话：
统一销售客服/400-660-6393
第一法律书店/010-63939781/9782 西安分公司/029-85330678 重庆分公司/023-67453036
上海分公司/021-62071639/1636 深圳分公司/0755-83072995

书号：ISBN 978-7-5197-2596-9
定价：68.00元
(如有缺页或倒装，中国法律图书有限公司负责退换)